JN058954

生徒の発話を促す方策と表現

生徒が使える
教室英語

Classroom English You Can Use

吉田 研作／金子 朝子　監修

石渡 一秀　著

SANSHUSHA

刊行にあたって

　新学習指導要領の高校の外国語（英語）教育の在り方を見ると、従来のものと大きな違いがあることがわかります。以前は文法、語彙、慣用表現、発音など、英語の「知識」及び、聞き取り方、読み方、話し方、書き方などの「技能」の育成が目的とされていました。しかし、今回の改革により、これらの「知識」「技能」からその**知識や技能を使って「何ができるか」**という言語活動や言語行為に英語教育の目標が移りました。つまり、英語の知識や技能を使って、**何か内容について考え（思考力）、それをまとめ（判断力）、そして、その結果を表現する（表現力）**ことが目標として定められています。そして、最終的には、ディスカッションやプレゼンテーション、ディベート、論理的な文章の作成などの現実的な言語活動につなげることを求めているのです。また、従来のいわゆる4技能という考え方から、4技能5領域という考え方に変わっていますが、5領域とは、聞く、読む、書くに加え、話すを「やりとり」と「発表」に分けて記述しているのです。

　上記の改革の中で最も大切な考えは、**言語はコミュニケーションの道具であり、実際にコミュニケーションをすることによってのみ身につく**、というものです。従って、授業はできるだけ教師が英語を使って行い、生徒にはできるだけ多くの英語を使った活動をすることが求められています。

　ここで問題なのは、どのように先生と生徒は英語を使って授業を進めればよいのか、ということでしょう。今まで Classroom English は教師が使う英語のことを指していましたが、生徒が積極的に英語で活動することを求められるのであれば、生徒がどのような英語を使えば良いかについての Classroom English も必要になってきます。そこで、本書では、**生徒が活動するための Classroom English を、学習指導要領の4技能5領域の中で体系的に例示**しています。まず、教師が様々な表現を生徒と実際にコミュニケーションしながら紹介し、それをベースに、**生徒同士が自らの活動の中で使える**ように具体例の中で紹介しています。随所に書かれているヒントや解説も具体的で分かりやすいものになっています。

　大学入試も従来の知識技能重視のものからどれだけ英語が実際に使えるかを見るものに変わってきています。先生の中にはこのような大きな改革に即した英語の教え方に苦慮している方が大勢おられると思います。本書はそのような先生のための実践的なハンドブックになっています。

吉田研作

3

は じ め に

　本書は、「生徒の英語による発話力を伸ばしたい」と考えておられる多くの中学・高校の先生方に少しでも役に立ちたいという思いから編集されました。すべての生徒が無理なく「やさしい質問」などのやりとりから「ディベート」まで、教科書を使った指導でも、英語を使って発話できるようになることを目指します。

　2020年から始まった外国語科の学習指導要領では、アクティブ・ラーニングを活用しながら生徒の英語による発信力を高め、「あいさつ」から始まって最終的には「ディベート」などができるようになることを目指しています。本書はその目標実現のための一助にもなるはずです。

　では、具体的にどのようにしたら少しでも生徒が英語を発話できるようになるでしょうか？　吉田研作先生（上智大学）は、次のように述べられていました。

> 　実際のコミュニケーションが4技能を組み合わせて行うものである以上、外国語学習においても、4技能をバランスよく高め、それぞれの技能を組み合わせて使えるようにすることが重要です。
>
> 　　　　　　　　　　「4技能をバランスよく高める高校英語教育の授業への転換」
> 　　　　　　　　　　　　　　　　　（『英語教育』第9回、河合塾）より抜粋

　「生徒の発話を促す」ためにも、吉田研作先生の述べている「それぞれの技能を組み合わせて使えるようにする」ことが必要です。特に、「書く」技能と「話す」技能を組み合わせることが「生徒の発話を促す」ことにつながっていくと捉え、本書では次の3つのポイントを考えました。

ポイント1	「生徒の発話を促すために役立つ教室英語」を**定期的**に示し、その目的や意義を理解させた上で、日常の授業の中で活用していく。
ポイント2	授業の中での**活用の際は、「教科書の内容に関連する**やりとりの**実践例」**を、先生が生徒とデモンストレーションする。
ポイント3	次に、**その「実践例を参考に生徒同士が英語を発話する」**ために、ペアやグループで**協力しながら、タブレットなどを活用して**原稿を考え、それをもとに準備し発表できるようにしていく。また、学校に来られない生徒もオンラインを通じてペアやグループ活動に参加する。

　これは、「生徒たちが協同学習によって、ある課題について考え、調べ、まとめ、発表していく」というアクティブ・ラーニングにつながる学習形態です。本書では、各項目の「活動案」によって、どのようにしたら生徒たちが**アクティブ・ラーニングを通じ**

て、より英語を発話するようになるかを具体的に示しました。アクティブ・ラーニングは周知のとおり、多くの教員が注目している学習形態の1つです。竹内理先生（関西大学）は、その定義として次のように述べられていました。

> 学習指導要領にも強調されているように、学びにおいては「思考」、「判断」、「表現」、「発信」が大切になるが、この中でも特に「思考」の部分を起点とした学びの形態が、本来のアクティブ・ラーニングといえるであろう。この意味から考えると、今までのように知識を注入して、この定着量だけで評価する学習ではなく、また単に技能の習得と自動化をめざすだけの活動でもない、「知識・技能を統合して、仲間と話し合いながら思考を深め、その結果を自ら判断して表現（発信）しながら、（何らかの）目的を達成していくような学び」が、真のアクティブ・ラーニングになるであろう。
>
> 「英語授業におけるアクティブ・ラーニングの実質化をめざして」
> （『Teaching English Now vol,31』三省堂）より抜粋

　より多くの生徒が英語を発話するようになるには、このアクティブ・ラーニングはとても適した学習方法だといえます。この学習方法を授業の中に組み入れることによって、生徒同士の発話が増えていくはずです。金子朝子先生（昭和女子大学）は、次のように述べられていました。

> 英語のコミュニケーション力を養うために有効的な方法とは何があるだろう。それは、具体的な学習行動に結びつく学習動機を生徒自身が持つことができるような、「成功体験」であると考えている。
>
> 「グローバル化と英語教育」『三省堂高校英語教育 2015 年夏号』より抜粋

　生徒たちは、アクティブ・ラーニングを通じて、**英語による発話でコミュニケーションできる**という「成功体験」を得られます。
　本書は、生徒が「やさしい質問」から「ディベート」を通して、英語を発話する量とその質を少しずつ向上できることを目標としています。そのために全体を準備編、実践編、応用編、発展編の4つのパートに分けました。また、それぞれの項目に「重要表現」「授業案」「活動案」（タスク、評価表を含む）、そして関連したワンポイントアドバイスとコラムを提示しました。
　「重要表現」は、各レッスンに関する**発話をする際に核となるもの**です。「授業案」は、重要表現を活かした**先生と生徒によるモデルとなる発話例**になっています。「活動案」は、タスクを活用して**生徒同士が協力して発表し**、評価表はその発表を**生徒同士が互いに評価し合う**ためのものになっています。ミニコラム「Hint」では、各項目に関連したポイントを簡潔にまとめています。そして、章間コラムは金子朝子先生によるもので、より大きく、深い視点から各項目の大切さが述べられています。
　これらを順序立てて活用することによって、やさしい教室英語を使ったやりとりから

始まって、スピーチやプレゼンテーションに発展し、最終的にはディスカッションやディベートができるようになることを目指します。

　本書は、『現場で使える教室英語』『科目別：現場で使える教室英語』に続いて、吉田研作先生と金子朝子先生に貴重なご指導とご助言をいただきようやく完成することができました。この場をお借りして心よりお礼を申し上げます。また今回は、ニック・リーさんとジェニファー・フォスターさんの協力を得ることができました。二人の豊富な経験とその実力がなければ本書は完成しなかったと思います。本当にありがとうございました。

　このような多くの方々のご協力のもと、長い時間をかけてでき上がった本書が多くの方々のお役に立つことを心より願っております。

石渡一秀

本書の構成と使い方

　本書は、「基本的な教室英語」から「ディベート」までを、すべての生徒が無理なく発話できるようになることを目指します。先生方は、本書を副教材として授業計画の中に取り入れ、3年または6年計画でご活用ください。本書は、準備編以降は必ずしも「実践編→応用編→発展編」の順でなくても使える内容ですので、先生方によってさまざまな形でご活用いただけます。ただ、基本的にペア・グループ活動の副教材として、次のように使うと効果が上がります。

> 1. 音声を使って、各項目の「重要表現」の音読練習をする。
> 2. 先生が生徒と各項目の「授業案」を使って、モデルとなる「発話例」をデモンストレーションする。
> 3. 各項目のタスクに基づいた「活動案」を参考に生徒同士が協力して、「重要表現」「授業案」を活用しながら発話例を考え、練習し、発表していく。
> 4. タスクによる発表の際、他の生徒たちは評価表を活用して発表者を評価し、必要に応じてその評価を英語で発表する。

★1について
「重要表現」は、各項目に沿ったことを発話する際に必要となる表現です。そのため、各項目を学習する際も「重要表現」から始めてください。そして、その際の一番の活用法は「音読練習」です。音読は次の順序で行うと効果的です。

1）音声で「重要表現」を聞く。
2）次に、音声の後に続いて音読をする。
3）最後にまた音声を聞き、何も見ないで繰り返せるまで繰り返して練習する。

★2について
　各項目の「授業案」は、「重要表現」を使ってどのように発話するかを示しています。この「授業案」を使って、先生と生徒でデモンストレーションをしてください。デモンストレーションによって、生徒たちは、どのようにすれば「重要表現」を使って英語で発話できるようになるかを理解できます。デモンストレーションの後に時間が許せば、生徒同士で練習し、発表する時間を設けると効果的です。この時間を設けることで、先生中心のやりとりでなく、生徒同士のやりとりを学ぶことができます。
　また、「授業案」をプリントにして生徒に配布しておけば、よりいっそう生徒中心の授業展開ができます。

★3について

　2の後、タスクを参考に生徒がペアやグループで協力して、「重要表現」「授業案」を活用しながらオリジナルの発話例を作るようにしてください。内容は、教科書に関連したものだと取り組みやすいでしょう。また、学校に来られない生徒も、オンラインを活用してペアやグループ活動に参加できるようにしてください。

　基本的には、考えた発話例を何度も練習して発表してもらうことが目的ですが、レベルが上がってきたら key words のみを書いてもらい、それを用いて発表できるようになっていくはずです。

　この学習過程は、アクティブ・ラーニングにつながるものです。仲間とともに考え、調べ、準備し、それを発表することで、あまり英語が得意でない生徒も少しずつ英語で発話できるようになるはずです。

　また、タスクが複数ある場合は、生徒に選択してもらってもよいでしょう。

★4について

　タスクを活用して発表する際、他の生徒たちは評価表を用いて発表者の評価をしてください。評価に参加することで、生徒たちはよりいっそう授業に対して積極的かつ主体的になれます。そしてこのことが、さらにアクティブ・ラーニングにつながります。また、この評価表は「英語で発話すること」を促すようにできています。よって、生徒たちはこの「評価表」を作成することで、より英語で発話する機会を得られるでしょう。

　最後に、タスクの発表は、先生方が年間計画の中で予定を立て、それを生徒たちに伝えて、発表の内容や順番を話し合っておくように言ってください。

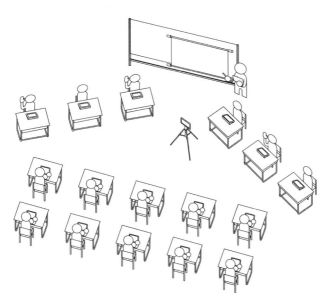

学校に来られない生徒のためのオンライン授業の座席配置例

第1章 準備編

UNIT 1

「やさしい質問」のやりとりのための重要表現・授業案・活動案

UNIT 2

「意見」「その理由」「賛否」を言うための重要表現・授業案・活動案

第2章 実践編

UNIT 1

「4技能5領域を統合した授業」で発話するための重要表現・授業案・活動案

第3章 応用編

第4章 発展編

UNIT 1

「ディスカッション」のための重要表現・授業案・活動案

UNIT 2

「ディベート」のための重要表現・授業案・活動案

第1章 準備編

第1章では、「やさしい質問のやりとり」から「意見や賛否」について、生徒が英語を発話しながら積極的に授業に参加できるようになるための重要表現と、それらを活用した授業案・活動案をご紹介します。ぜひ日常の授業の中でご活用ください。

「やさしい質問」のやりとりのための
重要表現・授業案・活動案

▶ UNIT 1 では、生徒が教科書の内容について「やさしい質問」のやりとりが
できるようになるための重要表現とそれらを使った授業案、そして授業案を
もとに生徒同士が考え、英語を発話するための活動案を提案していきます。

① 重要表現　　　　　　　　　　　　　　　　Key Expressions

ⓐ 教科書の語・句・文についてやさしい質問のやりとりをするとき　TRACK 01
Key Expressions for Making Easy Questions and Answers

Ⓢ Can I ask you a question?	質問をしてもいいですか？
Ⓣ Sure.	もちろんです。
Ⓢ How do you pronounce this word?	この単語はどう発音するのですか？
Ⓣ Please listen to me carefully.	注意深く聞いてくださいね。
Ⓢ What does ～ mean?	～の意味は何ですか？
Ⓣ It means ～.	～という意味です。
Ⓢ How can we translate this sentence?	この文はどのように訳せばいいのですか？
Ⓢ How can we answer this question?	この問題はどう答えたらいいのですか？
Ⓢ Could you give me a hint?	ヒントをいただけますか？
Ⓢ Could you explain it again?	もう一度説明をしていただけますか？
Ⓣ All right. I'll explain it in Japanese.	わかりました。日本語で説明しますね。
Ⓣ How about finding ～?	～を見つけたらどうですか？
Ⓣ What did you learn today?	今日は何を学びましたか？

Ⓢ I learned ～. ～を学びました。

ⓑ 教科書の内容について簡単なやりとりをするとき
Key Expressions for Easy Questions and Answers in Textbook

TRACK 02

🅣 What do you think the story is about? 何についてのストーリーだと思う？

Ⓢ I think that it is about ～. ～についてだと思います。

🅣 What is the theme of the story? ストーリーのテーマは何ですか？

Ⓢ The theme of the story is ～. ストーリーのテーマは～です。

🅣 Which part do you like (the) best? どの部分が一番好きですか？

Ⓢ I like ～ (the) best. ～が一番好きです。

🅣 What interested you most? 何に一番興味がありますか？

Ⓢ I'm interested in ～ most. ～に一番興味があります。

🅣 Where does the story take place? ストーリーの舞台はどこですか？

Ⓢ The story takes place in ～. その舞台は～です。

Hint

コミュニケーションに欠かせない
「共感」や「確認」の大切さ（その1）

　生徒が英語で発話するのに何よりも必要なのは、他の生徒の前で発話することに抵抗感を持たず、恥ずかしがらないようにすることです。そのために私は、たとえ答えが間違っていたとしても何らかの誉め言葉をかけるよう心がけています。言い換えると、生徒が発した答えに「共感」を示すようにします。

　この一言によって、どんな生徒も少しずつ自信を持って英語を発話するようになります。そんな様子を他の生徒たちも見れば、生徒同士で発話するときに「共感」や「確認」の言葉を添えるようになるでしょう。

TRACK 03

ⓐ 教科書の語・句・文についてのやさしい質問のやりとりのための授業案 (想定時間：50分)

Class Ideas for Easy Questions and Answers (Estimated Time: 50 minutes)

展開 Layout	学習活動 Learning Activity	

①導入 Introduction

先生が「重要表現」の使い方を説明する

生徒は音読練習をし、その後ペアで質問を考え、練習する

T Today, I'd like you to ask some questions about the content of the text. Please think about them and practice questioning in pairs for 15 minutes.

今日は、みんなに教科書の内容についていくつかの質問をしてもらいたいと思います。ペアで15分間、質問を考え、練習してください。

(After 15 minutes)

(15分後)

---

②展開 Plot

先生と生徒で質問をし合う

(S1) Can I ask you a question?

質問をしてもいいですか？

T Sure.

もちろんです。

最初は単語の読み方のやりとりをする

(S1) How do you pronounce this word?

この単語はどう発音するのですか？

T OK. Listen to me carefully.

わかりました。注意深く聞いてくださいね。

(Teacher pronounces the word twice.)

(先生が二度その単語を読みあげる)

T Repeat after me.

私の後に繰り返してください。

(Students repeat the word very well.)

(生徒たちはとても上手に単語を繰り返す)

❗生徒へのほめる言葉も大切です。

T Very good! Any other questions? How about you, Naoto?

とても上手ですよ！　他に質問はありませんか？　ナオトはどうですか？

生徒は文の意味を聞く質問をする

(S2) How can we translate this sentence? Could you give me a hint?

この文はどのように訳すのですか？　ヒントをいただけますか？

🔴先生はすぐ答えるのではなく、どこが難しいのかを聞きましょう。そうすると、生徒も答えでなくヒントを求めるはずです。	🔳 Okay, which part is difficult?	わかりました。どこが難しいですか？
	Ⓢ2 I don't understand the subject of the sentence. **Could you explain it again?**	文の主語がわかりません。もう一度説明していただけませんか？
🔴文法的な説明は日本語を用いてもよいでしょう。	🔳 All right. I'll explain it in Japanese.	いいですよ。日本語で説明しますね。
	(Teacher explains the structure of the sentence in Japanese.)	（先生は文の構造を日本語で説明をする）
先生は理解できたか確認する	🔳 Do you understand it?	わかりましたか？
	Ⓢ2 Yes, I do. Thank you very much.	はい、わかりました。ありがとうございました。

----

③**まとめ** Conclusion 先生は最後に、生徒にまとめをさせる	Ⓢ2 Satomi, what did you learn today?	サトミ、今日は何を学びましたか？
🔴先生と生徒とのデモンストレーションが終わったら、生徒同士で練習し、時間があれば他のペアにも発表させてください。	Ⓢ1 I learned how important energy problems are.	エネルギー問題がどれだけ重要かを学びました。
	🔳 Thank you, Satomi.	ありがとう、サトミ。

Hint

コミュニケーションに欠かせない「共感」や「確認」の大切さ（その2）

　生徒が英語で発話する際に、少しずつ「共感」の言葉を加えられるようになったら、今度は「確認」の言葉も添えるようにしましょう。
　この際も、まず先生が生徒の発話に対して「確認」の言葉を発する雰囲気を作ることが大切です。

展開 Layout	学習活動 Learning Activity	
①**導入** Introduction 先生が学習内容を指示する	🔲 This time, try to understand the content of the text in groups. I'll give you 15 minutes.	今回は、グループで教科書の内容について理解してみましょう。15分時間をあげます。
生徒はグループで、教科書の内容について考える。その際、先生は、あらかじめ質問とその答え方を示し、練習するよう指示しておくと、グループで考えやすくなる	(After 15 minutes)	(15分後)
②**展開** Plot 先生は、まずペアとやりとりして生徒にす	🔲 **What do you think the story is about?** How about you, Mami?	何についてのストーリーだと思いますか？　マミはどうですか？
	Ⓢ1 **I think that it is about** energy.	エネルギーについてです。
❗生徒が答えやすい質問から始めてください。	🔲 I think so, too.	私もそう思います。
	Ⓢ1 **What is the theme of the story?** How about you, Yutaka?	ストーリーのテーマは何でしょうか？　ユタカはどうですか？
	Ⓢ2 **The theme is** how to preserve energy.	テーマは、どのようにエネルギーを保つかです。
	Ⓢ1 I agree with you.	賛成です。
❗少しずつ生徒の考えや気持ちを聞く質問に移ってください。	🔲 **What are you interested in?** How about you, Keiko?	何に興味がありますか？　ケイコはどうですか？
	Ⓢ3 I'm interested in clean energies. How about you, Mr. Tanaka?	クリーンエネルギーに興味があります。タナカ先生はどうですか？
	🔲 I'm interested in sustainable energies.	持続可能なエネルギーに興味があります。

| | Ⓢ2 Me too. | 私もです。 |

---

③まとめ Conclusion
先生は最後に、生徒
にまとめをさせる

Ⓢ2 **Which part do you like best?** How about you, Minoru?	どの部分が一番気に入っていますか？ ミノルはどうですか？
Ⓢ4 **I like** the first paragraph **best**.	最初のパラグラフが一番気に入りました。
Ⓢ1 What does it say?	どんなことを言っていますか？
Ⓢ4 It says that it is important to think of clean and safe energy.	クリーンで安全なエネルギーを考えることが大切だと言っています。

⚠生徒の答えに対して的確なコメントを加えると、とてもよい動機づけになります。

| Ⓢ1 It is a very important point, isn't it? | それはとても大切な点ですね。 |

⚠先生と生徒のデモンストレーションが終わったら、生徒同士で練習し、時間があれば他のペアにも発表させてください。

Hint

コミュニケーションに欠かせない
「共感」や「確認」の大切さ（その3）

　本書の監修をしてくださった吉田先生は、「たとえ英語による発話が少しずつできるようになっても、ただの発話だけでは機械的になり、真のコミュニケーションにはならない。そこに『共感』や『確認』の言葉を加えることで、ぐっと人間味のあふれた会話になっていく」とおっしゃいました。
　生徒に英語での発話を促す最終的な目的の1つは、温かみのある人間らしいコミュニケーションを英語でできるようになることです。

タスクと評価表
Task and Evaluation Sheet

「重要表現」と「授業案」を用いて、教科書の語・句・文についてのやさしい質問と答えのやりとりを平等にできるように考え、発表できるようにしてください。

① Ⓢ① Can I ask a question?

     Ⓢ② _____ .

     Ⓢ① What does _____ mean?

     Ⓢ② It means _____ .

     Ⓢ① I see.

② Ⓢ① How do you pronounce this word?

     Ⓢ② _____ .

     Ⓢ① Thank you.

③ Ⓢ② How can we translate this sentence? Could you give me a hint?

     Ⓢ① How about finding _____ ?

     Ⓢ② OK! I'll try!

タスクⓑ Task

「重要表現」と「授業案」を用いて、ペアで教科書の内容に関するやりとりを平等にできるように考え、発表できるようにしてください。

① Ⓢ① What do you think the story is about?

　　Ⓢ② I think that it is about _____ .

　　　　How about you, _____ ?

　　Ⓢ① I think so too.

② Ⓢ② What is the theme of the story?

　　Ⓢ① The theme is _____ .

　　Ⓢ② I agree with you.

③ Ⓢ① What interested you most?

　　Ⓢ② I'm interested in _____ most.

　　Ⓢ① That sounds interesting.

④ Ⓢ② Which part do you like best?

　　Ⓢ① I like _____ best.

⑤ Ⓢ② What does it say?

　　Ⓢ① It says that _____ .

　　Ⓢ② It is a very important point, isn't it?

　この評価表は、ペアが「重要表現」を用いて、教科書の語・句・文や内容を質疑応答できているかを評価するものです。生徒はペアごとに、他のペア発表を評価し、評価表①～④のどこを発表するかを相談しておくようにしてください。

Presenters: ＿＿＿＿＿＿＿＿＿　＿＿＿＿＿＿＿＿＿

Evaluators: ＿＿＿＿＿＿＿＿＿　＿＿＿＿＿＿＿＿＿

---

① Contents　　　　　　　　　1 Excellent　　2 Very Good　　3 Good

　I think that the content is ＿＿＿＿＿＿＿＿＿＿＿＿＿＿＿＿＿.

---

② Expressions　　　　　　　　1 Excellent　　2 Very Good　　3 Good

　I think that the expressions are ＿＿＿＿＿＿＿＿＿＿＿＿＿＿.

---

③ Presentation　　　　　　　　1 Excellent　　2 Very Good　　3 Good

　I think that the way they presented was ＿＿＿＿＿＿＿＿＿＿.

---

④ Comments

　I think their presentation is ＿＿＿＿＿＿＿＿＿＿＿＿＿＿＿.

　I like ＿＿＿＿＿＿＿＿＿＿＿＿＿＿＿＿＿＿＿ very much.

活動案
Activity Ideas

ⓐ 教科書の語・句・文についてのやさしい質問のやりとりのための活動案 (想定時間：50分)
Activity Ideas for Easy Questions and Answers (Estimated Time: 50 minutes)

TRACK
05

展開 Layout	学習活動 Learning Activity	
①**導入** Introduction 先生は活動の目標と進め方を説明する	**T** Today I'd like you to present your questions and answers by using the key expressions. Who's first?	今日は「重要表現」を使って質疑応答の発表をしてもらいたいと思います。最初にやってくれるのは誰ですか？
	(Miku and Ayumu raise their hands.)	(ミクとアユムが手を挙げる)
	T Thank you, Miku and Ayumu. Please start.	ミクとアユム、ありがとう。始めてください。
②**展開** Plot 生徒はペアで順番に、教科書の題材を用いた「やさしい質問」のやりとりを発表する	**S1** Can I ask you a question?	質問してもいい？
	S2 Sure.	もちろんだよ。
	S1 What does "refugee" mean?	「refugee」の意味は何？
❷生徒には、相手が答えやすい質問からしていくように助言してください。	**S2** It means "*nanmin*."	「難民」だよ。
	S1 I see.	わかったよ。
❷ここでは、「授業案」で示した応答例を、生徒同士のやりとりにして発表します。	**S2** How do you pronounce this word?	この単語はどう発音するの？
	S1 Please listen.	聞いていてね。
	(Ayumu pronounces the word.)	(アユムが単語を発音する)
	S2 Thank you.	ありがとう。
	S1 How can we translate this sentence? Could you give me a hint?	この文はどうやって訳したらいいの？　ヒントをもらえる？

| ⑤2 **How about finding** the subject and verb first? | まず主語と動詞を見つけたらどう？ |
| ⑤1 OK. I'll try! | わかった。やってみるよ！ |

| ③まとめ Conclusion | 🇹 Thank you very much. Everyone, please write your evaluation. I will give you five minutes to write your evaluation and then you will present it. | ありがとうございました。ではみなさん、評価を書いてください。評価を書く時間を5分間あげますので、その後、発表してください。 |
| 先生は他の生徒に評価表への記入とその発表を指示する | | |

ⓑ 教科書の内容についての簡単なやりとりのための活動案（想定時間：50分）

Activity Ideas for Easy Questions and Answers in Textbook (Estimated Time: 50 minutes)

展開 Layout	学習活動 Learning Activity

①導入 Introduction	🇹 Today I'd like to listen to your presentation about the content of the text. Who's going to present first?	今日は教科書の内容についての発表を聞きたいと思います。最初にやってくれるのは誰ですか？
先生が活動の内容を説明する		
	(Saya and Genki raise their hands.)	（サヤとゲンキが手を挙げる）
	🇹 Thank you, Saya and Genki. Please start.	サヤ、ゲンキ、ありがとう。始めてください。

---

②展開 Plot	⑤1 **What do you think the story is about?**	何についてのストーリーだと思う？
生徒はペアになって、教科書の内容について聞き合う発表をする	⑤2 **I think that it is about** our society. How about you, Genki?	私たちの社会についてだと思うよ。ゲンキはどう？
❗ここでは、「授業案」で示した応答例を、生徒同士のやりとりにして発表します。	⑤1 I think so too.	そう思うよ。
	⑤2 **What is the theme?**	テーマは何かな？
	⑤1 **The theme is** how to cope with the decreasing population.	テーマは、人口減少にどう対応していくかだよ。

26

⑤2 I agree with you. **What inter-
ested you most?**

賛成だよ。何に一番関心があ
った?

⑤1 **I'm interested in** labor short-
age **most**.

労働力不足に一番関心がある
よ。

⑤2 That sounds interesting. Do you
have any good ideas to solve it?

それは興味深そうだね。それ
を解決するための何かいい考
えはある?

⑤1 I think we should improve
working environments.

労働環境を改善するべきだと
思うよ。

⑤2 That's a very important point.

それはとても大切な点だね。

---

③まとめ Conclusion

先生は他の生徒に評
価表への記入と発表
を指示する

T Thank you very much. Every-
one, please write your evalua-
tion, I will give you five minutes
to write your evaluation, then I
would like you to present it.

ありがとうございました。そ
れでは、みなさんは評価を書
いてください。評価を書く時
間を5分間あげますので、そ
れから発表してもらいます。

「意見」「その理由」「賛否」を言うための 重要表現・授業案・活動案

▶ UNIT 2 では、生徒が教科書の内容について「意見」や「理由」のやりとりができるようになるための重要表現と、それらを使った先生と生徒の授業案、そして授業案をもとに生徒同士が考え、英語を発話するための活動案を提案します。

1 重要表現 Key Expressions

ⓐ 本文の内容について「意見」や「理由」を言うとき

Key Expressions for Opinions in Text

TRACK 07

T	How was the story?	ストーリーはどうでしたか？
S	It was 〜.	〜でした。
T	Why?	なぜですか？
S	Because 〜.	〜だからです。
T	Do you agree with 〜?	〜に賛成ですか？
S	Yes, I agree with 〜. / No, I don't agree with 〜.	はい、〜に賛成です。／いいえ、〜に賛成ではありません。
T	What do you think about 〜?	〜についてどう思いますか？
T	What should we do about 〜?	〜について何をすべきだと思いますか？
S	I think 〜.	〜と思います。
T	Why do you think so?	なぜそう思うのですか？
S	I think so because 〜.	〜だからそう思うのです。

ⓑ 複数の理由を挙げながら「意見」や「賛否」を言うとき
Key Expressions for Opinions with Some Reasons

T	How do you feel about ～?	～についてどう感じますか？
S	I feel that ～.	～と感じます。
T	Could you tell me why?	なぜだか言ってもらえますか？
S	I feel so because ～.	～だからそう感じるのです。
T	Any other reasons?	何か他の理由はありますか？
S	Yes. In addition, ～.	はい。さらに、～です。
T	Could you give me some reasons?	いくつか理由を挙げてもらえますか？
S	First, ～. Second, ～. Third, ～.	第1に、～です。第2に、～です。第3に、～です。

ⓒ 複数の例を挙げながら「意見」や「賛否」を言うとき
Key Expressions for Opinions with Some Examples

T	What's your opinion of ～?	～についてあなたの意見はどうですか？
S	My opinion is that ～.	私の意見は～ということです。
T	Could you give me some examples?	いくつかの例を挙げてもらえますか？
S	First, ～. Second, ～. Third, ～.	第1に、～です。第2に、～です。第3に、～です。

ⓐ 本文の内容について「意見」や「理由」を言うための授業案 （想定時間：50分）

Class Ideas for Opinions and Reasons in Text （Estimated Time: 50 minutes）

展開 Layout	学習活動 Learning Activity	
①導入 Introduction 先生による授業内容 の指示	**1** Now I'd like you to exchange your opinions about the content in groups for 10 minutes.	では、10分間グループで内容について意見を交換してください。
❗生徒はグループで「自分の意見」や「理由」について考えます。その際、先生は、これからする質問を英語で示し、その質問と答えを英語で発表できるよう練習しておくように指示してください。	(After 10 minutes)	（10分後）
②展開 Plot 先生はグループと、やりとりをして示す	**1** **How was the story? How about you**, Naoki?	ストーリーはどうでしたか？ナオキはどうですか？
❗この時も、生徒が答えやすい質問からしていくことがとても大切です。	Ⓢ① **It was** so shocking.	とっても衝撃的でした。
	Ⓢ② **Why?**	なぜ？
❗生徒が言った意見について常にその理由を聞くようにすると、授業が深まります。	Ⓢ① **Because** we have been losing beautiful things in nature.	私たちが自然の中の美しいものを失いつつあるからだよ。
	Ⓢ③ Mai, **do you agree with** the author's opinion?	マイ、この著者の意見に賛成？
	Ⓢ④ **Yes, I agree with** him.	うん、賛成だよ。
	Ⓢ③ **Why?**	なぜ？
	Ⓢ④ **Because** our environment is getting more dangerous.	私たちの環境はますます危険な状態になっているからだよ。

③**まとめ** Conclusion	**T** Naoki, **what should we do about** our environment?	ナオキ、あなたは環境について何をすべきだと思いますか？
まとめとして、先生は生徒にコメントを求める		
	S1 **I think** we should cooperate with everyone in the world.	世界のみんなで協力すべきだと思います。
	T **Why do you think so?**	なぜそう思うのですか？
先生と生徒のデモンストレーションが終わったら、生徒同士で練習し、時間があれば他のグループにも発表させてください。	**S1** **I think so because** it is very difficult to stop the destruction of nature in just one country.	ただ１つの国では自然破壊を止められないと思うからです。
	T Thank you for your comments.	コメントをありがとう。

ⓑ 複数の理由を挙げながら「意見」や「賛否」を言うための授業案 (想定時間：50分)

Class Ideas for Opinions with Some Reasons (Estimated Time: 50 minutes)

展開 Layout	**学習活動** Learning Activity	
①**導入** Introduction	**T** Next, think about some reasons for your opinions in groups. I'll give you 20 minutes.	次に、グループで意見についての理由を考えてください。20分間あげます。
先生による活動内容の指示		
生徒はグループで、それぞれの意見についての理由を考えます。その際、先生は、これからする質問を英語で示し、その質問と答えを英語で発表できるよう練習しておくように指示してください。	(After 20 minutes)	(20分後)

先生は何人かの生徒
と、複数の理由を述
べながら意見を言う
練習をする

⚠ 1人の生徒だけに複
　数の理由を聞くこと
　は、最初はとても難
　しいので、何人かの
　生徒に分散して聞い
　ていくと効果的です。

🗣 **How do you feel about** the present world? How about you, Shiori? | 現在の世界についてどう感じていますか？　シオリはどうですか？

Ⓢ1 **I feel that** we live in a dangerous world. | 私たちは危険な世界に暮らしていると感じています。

Ⓢ2 **Could you tell me why?** | なぜだか話してくれる？

Ⓢ1 **I feel so because** there have been many wars. How about you, Shingo? | たくさんの戦争が起きているからそう感じるよ。シンゴはどう？

Ⓢ2 I agree with her. | 彼女に賛成だよ。

⚠ このやりとりのとき
　も、生徒の意見に的
　確なコメントをする
　ことが大切です。

🗣 OK. **Any other reasons?** | わかりました。何か他に理由はありますか？

Ⓢ2 **Yes. In addition,** there is a gap between the poor and the rich. | はい。付け加えれば、貧富の差があります。

Ⓢ1 Do you have any ideas to solve this issue? Aya, what do you think? | その問題を解決するための考えは何かある？　アヤ、どう思う？

Ⓢ3 I think we should work together to solve poverty problems. | 貧困問題を解決するためにみんなで協力すべきだと思うよ。

Ⓢ1 I quite agree with you. | まったく賛成だよ。

先生は他の生徒のや
りとりの感想を聞く

⚠ 先生と生徒とのデモ
　ンストレーションが
　終わったら、生徒同
　士で練習し、時間が
　あれば他のグループ
　にも発表させてくだ
　さい。

🗣 Yutaka, **how do you feel about** everyone's opinions? | ユタカ、みんなの意見をどう感じていますか？

Ⓢ4 **I feel that** we need more discussions with other countries to solve the problems of the present world. | 現在の世界の問題を解決するには、もっと他の国々との話し合いが必要だと感じています。

🗣 Thank you very much, Yutaka. | どうもありがとう、ユタカ。

ⓒ 複数の例を挙げながら「意見」や「賛否」を言うための授業案 (想定時間：50分) TRACK 12
Class Ideas for Opinions with Some Examples (Estimated Time: 50 minutes)

展開 Layout	学習活動 Learning Activity	
①導入 Introduction 先生による学習内容の指示 生徒は、例を挙げながら話し合う練習をするためにグループで話し合いをする	🔳 Now I'd like you to give examples of your opinion in groups. I'll give you 20 minutes.	それでは、意見についての例をグループで言ってもらいたいと思います。20分間あげます。
⚠例を挙げながら説明することは、生徒にはなじみが薄いものです。あらかじめ充分に説明してください。その際、先生がこれからする質問を英語で示し、その質問や答えを発表できるよう練習しておくように指示してください。	(After 20 minutes)	(20分後)
②展開 Plot 先生は生徒と、グループで話し合ったことについてやりとりをする	🔳 **What's your opinion of** the Internet? How about you, Yuzuru?	インターネットについてあなたたちの意見はどうですか？ユズルはどうですか？
⚠前に習った「重要表現」も使えるようにすると、英語の発話がいっそう楽しいものになります。	Ⓢ1 **My opinion is that** it has good and bad points.	私の意見は、それにはよい点と悪い点があるということです。
	Ⓢ2 **Could you give me some examples?**	いくつか例を挙げてもらえる？
	Ⓢ1 **First,** the Internet is very useful, **but at the same time** very dangerous. Mao, what do you think?	第1に、インターネットはとても便利だけど、同時にとても危険だよ。マオ、どう思う？

⑤3 **Second,** we can get a lot of information, **but** it isn't all true. How about you, Reo?

第2に、たくさんの情報を得ることができるけど、すべてが真実だというわけではないよ。レオはどう？

⑤4 **Third,** the Internet is very useful, but there are some people who can't use it.

第3に、インターネットはとても役に立つけど、それを使えない人もいるよ。

T I see.

なるほど。

---

③まとめ Conclusion

先生は最後に、再び生徒に話し合いについての意見を聞く

T **What's your opinion**, Sayuri?

サユリ、あなたの意見は？

⑤2 I think it's important to use the Internet safely after understanding both sides.

私は両面を理解してからインターネットを安全に使うことが大切だと思います。

T You are right.

そうですね。

Hint

生徒の英語による発話を促すために大切なこと（その1）
生徒を主役にする

　何よりも大切なのは、生徒が主役だということです。そのためには、
1) なぜ教室英語が必要かを理解させ、英語の発話に対する動機づけをする。そして目標を立て、先生も生徒も参加できる評価基準を作る。
2) 英語を使うのはあくまでも生徒であって、先生はそれを促す役割を担うようにする。言い換えると先生は聞き役・調整役になることをめざす。生徒が考え、調べ、発言することに授業の主要な時間を使い、先生はそのような活動を支援・補助する。
「授業を英語で」と聞くと、従来の英文和訳や、そのための文法や語彙の説明など「日本語で行っていたことを英語に変換する」と思われがちです。しかし、そういうことが求められているのではありません。確かに、学習指導要領には、「生徒が英語に触れる機会を充実するとともに、授業を実際のコミュニケーションの場面とするため、授業は英語で行うことを基本とする」と書かれています。しかし「英語で行う」ことが目的なのではなく、授業の中で生徒が英語にたくさん触れ、英語を使うさまざまなコミュニケーションの機会を増やすことが目的なのです。すなわち、英語の授業が「英語の文法や語彙の知識を教えること」を中心にしたものから、「生徒が英語に触れ、英語を使いながら、思考・判断・表現力を高めるための言語活動」を中心にしたものへと転換されることが求められています。

3 活動案　　　　　　　　　　　　Activity Ideas

タスクと評価表
Task and Evaluation Sheet

タスク⃝ａ　　　　　　　　　　　　　　　　　　　　　　Task

「重要表現」と「授業案」を用いて、グループで、教科書の内容に関する意見やその理由を言うやりとりを考え、発表できるように練習してください。

Ⓢ1 How was the story?

Ⓢ2 It was _____ .

Ⓢ3 Why?

Ⓢ2 Because _____ .

Ⓢ3 I agree with you.

Ⓢ1 What do you think about _____ ?

Ⓢ2 I think _____ .

Ⓢ3 Why do you think so?

Ⓢ2 Because _____ .

　　 How about you, _____ ?

Ⓢ3 I don't agree with you.

Ⓢ1 Why?

Ⓢ3 Because _____ .

Ⓢ1 I agree _____ .

タスクⓑ Task

「重要表現」と「授業案」を用いて、グループで、複数の理由を挙げながら意見や賛否を言うやりとりを考え、発表できるようにしてください。

Ⓢ1 How do you feel about the story? How about you, _____ ?

Ⓢ2 I feel that _____ .

Ⓢ1 Could you tell me why?

Ⓢ2 Because _____ .

Ⓢ3 I see. Any other reasons?

Ⓢ2 Yes. In addition, _____ .

Ⓢ3 I agree with you.

タスクⓒ Task

「重要表現」と「授業案」を用いて、グループで、複数の例を挙げながら意見や賛否を言うやりとりを考え、発表できるようにしてください。

Ⓢ1 What's your opinion of _____ ?

Ⓢ2 My opinion is that _____ .

Ⓢ3 Could you give me some examples?

Ⓢ2 First, _____ .

Ⓢ1 I think so, too.

Ⓢ2 What's your opinion?

Ⓢ3 Second, _____ .

Ⓢ2 That's true.

評価表　　　　　　　　　　　　　　　　　　　　　　Evaluation Sheet

　生徒は、グループごとに他のグループ発表を評価し、評価表①～④のどこを発表するかを相談してください。

| Presenters: _____　_____ | | | |
| Evaluators: _____　_____ | | | |

① Contents	1 Excellent	2 Very Good	3 Good
I think that the contents are _____.			

② Expressions	1 Excellent	2 Very Good	3 Good
I think that the expressions are _____.			

③ Presentation	1 Excellent	2 Very Good	3 Good
I think that the way they presented was _____.			

④ Comments

　I think their presentation is _____.

　There are two reasons for that.

　The first reason is that _____.

　The second reason is that _____.

Hint

生徒の英語による発話を促すために大切なこと（その２）
発問を工夫する

　生徒の発話を促すには、発問を工夫する必要があります。発問にはさまざまなものがあるため、生徒の個性や力によって変えていきましょう。基本的には「あいさつ」や「やさしい質問」から始めて、少しずつ考えや気持ちを聞く質問に進むと効果が上がります。まとめると次のようになります。

1）誰でも聞けて答えられる質問から始めてみる。

2）自らの考えや意見を問う質問を加えていく。

　これらの発問を順序立てて使っていけば、生徒は無理なく基本的な教室英語を発話できるでしょう。

ⓐ 本文の内容について「意見」や「理由」を言うための活動案（想定時間：50分）
Activity Ideas for Opinions and Reasons in Text（Estimated Time: 50 minutes）

展開 Layout	学習活動 Learning Activity	
①**導入** Introduction 先生が活動の内容を説明する	**T** Today I'd like you to talk about environmental problems in groups. Who's the first presenter?	今日は、グループで環境問題について話し合ってもらいたいと思います。最初にやってくれるのは誰ですか？
	(Hiroshi, Chika and Aya raise their hands.)	（ヒロシとチカとアヤが手を挙げる）
	T Thank you Hiroshi, Chika and Aya. Please start.	ヒロシとチカとアヤ、ありがとう。始めてください。
②**展開** Plot 生徒はグループで、聞き役と答える役を分担して、教科書の内容についての意見を聞き合う。その際、「授業案」を参考にしながら発表するよう指示する	**S1** How was the story?	ストーリーはどうだった？
	S2 It was so shocking.	とても衝撃的だったよ。
	S3 Why?	なぜ？
	S2 Because our earth is in a really dangerous situation.	私たちの地球が本当に危険な状況にあるからだよ。
⚠この活動では、意見に対する理由も聞くことが大切です。	**S3** I agree with you.	賛成だよ。
	S1 What do you think about the situation?	その状況をどう思う？
⚠会話が一方通行にならないように、お互いが意見やその理由を交換するように助言してください。	**S2** I think it is too late to recover from the damage we have done.	私たちが与えた害を改善するには遅すぎると思うよ。
	S3 Why do you think so?	なぜそう思うの？
⚠質問に答えるときには、教科書の文や語句を引用することが基本となりますが、できればそこに生徒同士が考えた表現が加わると、よりよい発話になります。	**S2** Because it is very difficult to make everyone keep the earth clean. How about you, Aya?	誰もが地球を美しいものにしておくのはとても難しいからだよ。アヤはどう？
	S3 I don't agree with you.	私は賛成ではないよ。
	S1 Why?	なぜ？

⑤3 **Because** we can preserve the earth if we decrease pollution and recycle more.

もし汚染を減らし、もっとリサイクルをすれば、地球を守れるからだよ。

⑤1 I agree. We must do so to preserve the earth.

賛成だよ。地球を守るためにはそうすべきだね。

---

③**まとめ** Conclusion

先生は他の生徒に、評価表への記入と発表を指示する

T Thank you very much. Everyone, please write your evaluation. After five minutes, I'd like you to present it.

ありがとうございました。それでは、みなさんは評価を書いてください。5分後に発表してもらいます。

ⓑ 複数の理由を挙げながら「意見」や「賛否」を言うための活動案 (想定時間：50分)
Activity Ideas for Opinions with Some Reasons (Estimated Time: 50 minutes)

TRACK 14

展開 Layout	学習活動 Learning Activity	

①**導入** Introduction

先生が活動の目的を説明する

T Today I'd like you to talk about the present world in groups. Who's first?

今日は、グループで今の世界について話し合ってもらいたいと思います。最初にやってくれるのは誰ですか？

(Yutaka, Daisuke and Mami raise their hands.)

（ユタカとダイスケとマミが手を挙げる）

T Thank you very much, Yutaka, Daisuke and Mami. Please start.

ユタカとダイスケとマミ、どうもありがとう。では始めてください。

---

②**展開** Plot

生徒はグループで、聞き役と答える役を分担して、教科書の内容について複数の理由を挙げながら、さらに深い話し合いを始める。その際、「授業案」を参考にしながら発表するよう指示する

⑤1 **How do you feel about** the present world?

今の世界についてどのように感じている？

⑤2 **I feel that** politics are dangerous.

政治が危険になっていると感じているよ。

⑤1 **Could you tell me why?**

なぜだか言ってくれる？

⑤2 **Because** there are political problems that can cause a war.

戦争を起こす政治的な問題があるからだよ。

❗今回は、意見に対する理由を複数挙げて発話を展開する

⑤1 I see. **Any other reasons?**

そうだね。他にも何か理由はある？

	⑤2 **Yes. In addition,** there are many environmental problems, too.	うん。さらに、たくさんの環境問題もあるね。
	⑤3 I agree with you. Do you have any ideas to solve them?	賛成だよ。それらを解決するための考えはある？
	⑤2 I think we should talk about these problems in international conferences.	国際会議でこれらの問題について話し合うべきだと思うよ。
	⑤3 That's very important.	それはとても大切だね。
③**まとめ** Conclusion 先生は他の生徒へ、評価表への記入とその発表を指示する	**T** Thank you very much, Yutaka, Daisuke and Mami. Everyone, please write your evaluation and be ready to present it in five minutes.	ありがとうございました、ユタカ、ダイスケ、マミ。それでは、みなさんは評価を書いて、5分後に発表する用意をしてください。

ⓒ 複数の例を挙げながら「意見」や「理由」を言うための活動案 （想定時間：50分）
Activity Ideas for Opinions with Some Examples （Estimated Time: 50 minutes）
TRACK 15

展開 Layout	学習活動 Learning Activity	
①**導入** Introduction 先生が活動の内容を説明する	**T** Today I'd like you to present your opinions about computers. Who's going to present first?	今日は、コンピュータについて意見を発表してほしいと思います。最初は誰がしてくれますか？
	(Misuzu, Kana and Nao raise their hands.)	（ミスズとカナとナオが手を挙げる）
	T Thank you. Please present your opinions.	ありがとう。では意見を発表してください。

②展開 Plot

生徒はグループで、聞き役と答える役を分担して、教科書の内容についての意見を、複数の例を挙げながらやりとりする。その際、「授業案」を参考にしながら発表するよう指示する

⏰一度にたくさんの例を挙げることは難しいので、1つずつ聞いていくように助言してください

この活動でもグループで互いの考えを聞く

③まとめ Conclusion

先生は最後に、他の生徒に評価表への記入と発表を指示する

⑤1 **What's your opinion of** computers?

コンピュータについて何か意見はある？

⑤2 **My opinion is that** computers are very convenient, but difficult to deal with.

私の意見は、コンピュータはとても便利だけど、扱い方が難しいということだよ。

⑤3 **Could you give me some examples?**

いくつか例を挙げてもらえる？

⑤2 **First,** AI will be helpful in the near future, **but at the same time**, it could be dangerous if we depend too much on it.

第1に、人工頭脳は近い将来役に立つけれど、同時にあまりにも頼りすぎると、危険になるだろうね。

⑤1 I think so, too.

そう思うよ。

⑤2 **What's your opinion?**

あなたの意見はどう？

⑤3 **Second,** computers are very helpful, yet they may also deprive us of our own thoughts.

第2に、コンピュータはとても役に立つけれど、私たちから自分自身の考える力をも奪ってしまうかもしれないね。

⑤2 That's true.

そのとおりだよ。

T Thank you very much, Misuzu, Kana and Nao. Everyone, please write your evaluation and present it after five minutes.

ミズズとカナとナオ、ありがとうございました。それでは、みなさんは評価を書いて、5分後に発表してください。

Wait Time

金子朝子

　教室内の指導者と学習者の英語のやり取りは、重要なコミュニケーションの機会となります。しかし、教師からのどんなに重要な質問であっても、生徒が答えてくれなければ、何の役にも立ちません。生徒に答えてもらうためには、意外に簡単なテクニックがあります。それは、wait time の調節です。

　Wait time とは、教師の発問後に、生徒が応答するまでに与える時間のことを指します。White & Lightbown（1984）は、オーディオリンガルのクラスで wait time を計測した結果、平均して 1、2 秒しか考える時間を与えていないことがわかりました。すぐに他の生徒を指名したり、教師が同じ質問を繰り返したり、または、他の表現を使って質問をし直したりしていたのです。実は、発問後に間髪を入れず生徒から応答を得る指導は、「刺激」を与えて直ちに「反応」を求めるのを繰り返すことで「習慣」となるという、「行動主義」の考えに基づいた指導法を代表するオーディオリンガルメソッドで行われていました。ところが、その後用いられるようになった、相手とのコミュニケーションによって、メッセージや自分の意図などの「意味」を伝えることを重視するコミュニカティブアプローチでも、wait time の長さはあまり変化していないようです。

　生徒は、早く答えなければと焦ると単語やフレーズで答えることが多くなり、自分の考えや思いを何とか工夫して伝える機会を逸してしまいます。

　英語指導者向けの研修会でも、wait time のことは話題になります。教師の発問は学習者が考える契機を作り出す重要な機能を持っているため、学習者の思考を促す発問を工夫することは非常に重要なのです。たとえば、小学校での入門期の外国語の指導においても、簡単な発問で児童が考える必要がない正誤の確認の場合でも、wait time は 4〜14 秒が平均的であるともいわれています。

　金子（2022）は、アクションリサーチの手法で小学校低学年の児童に絵本を用いた英語指導を行い、研究 1 での wait time の平均は、英語発問後 2.3 秒でした。研究 2 ではより長い wait time を取り、3.9 秒まで伸ばしたところ、英語発問中、児童から英語での応答を得ることができた率は 25.0% から 48.4% まで伸び、無応等率も大きく減少しました。

　実際の教室では、学習者のレベルも教師の発問の目的も様々で、もちろん、機会的に答えることが必要な場合もあるでしょう。教師は指導している生徒の様子を観察しながら、生徒が伝えたいことを十分に引き出すために、上手に wait time の長さを調節することが必要ではないでしょうか。

White & Lightbown. (1984). Asking and answering in ESL classes. *Canadian Modern Language Review 40 / 2.*

沖縄県教育委員会 . (2003).『わかる授業 Support Guide』.

金子朝子 (2022)．指導者の発問と児童の応答の関係―小学校低学年の児童に絵本で英語を指導して―．昭和女子大学紀要『学苑』第 970 号.

教師の発問の種類とその評価　　　金子朝子

　教師の発問は、生徒とのインタラクションを引き出すのに重要な役割を果たしています。疑問文には、Yes/No questions、A or B questions、WH questions、そして、付加疑問文があります。もちろん、日本語と同様に、文の構造は平叙文であっても文尾のイントネーションを上げることで、疑問の意味を表すこともあります。

　こうした文構造やイントネーションによる分類とは違い、発問の受け手からどのような応答を得ることが期待されるかによって、教師の発問を分類することもあります。Dalton-Puffer（2006）は、CLIL（Content and Language Integrated Learning）の授業を観察して、単に事実を答えるだけの閉じられた質問（closed question）に比べて、理由や説明を要求される開かれた質問（open question）の方が、学習者からより質の高い複雑な応答を引き出すことを示しました。また、Long & Sato（1983）は、教室外での質問は、質問者も答えを知らない指示質問（genuine question）である一方、教室内での発問はそのほとんどが、指導者が答えを知っていて学習者の理解を試す提示質問（display question）であることを明らかにして、教室内でもできるだけ前もって指導者が答えを知らない genuine questions を用いることの必要性を説いています。このように、教室での教師の発問は、生徒とのインタラクションを引き出すのに重要な役割を果たしているのです。

　実際の発問は、closed か open かと、display か genuine かの組み合わせになります。次の質問の組み合わせを考えてみましょう。

① ■ （鉛筆を見せて）What's this?　　Ⓢ (It's) a pencil.
② ■ （サッカークラブの生徒に）Why do you like soccer?
　　Ⓢ Because it's played all over the world.

①は closed + display、②は open + genuine です。

　どんな組み合わせで質問しようかと考えてしまうと、生徒から多くの応答を引き出す発問も簡単ではありませんね。②のように、できるだけ教師が前もって答えを知らず、知りたいと思っていることを質問すると、生徒たちが自然に、自分の考えや意見を答えるようになるのではないでしょうか。

Dalton-Puffer. (2006). Questions in CLIL classrooms: Strategic questioning to encourage speaking. In Martinez-Flor and Uso (eds.): *New Perspectives on Teaching the Language Processing Skills.* Amsterdam: Mouton de Gruyter.

Long and Sato. (1983). Classroom foreigner talk discourse: Forms and functions of teachers' questions. In Seliger and Long (eds.): *Classroom Oriented Research in Second Language Acquisition.* Rowley, MA: Newbury House.

生徒の英語による発話を促すために大切なこと（その3）
生徒同士が協力して発話できるような課題（タスク）を提供する

　生徒にとって興味深い課題（タスク）は、生徒同士の発話を活発にします。教室英語の基礎ができたら、生徒自身が興味を持ったテーマをペアやグループに課して、さらに生徒の発話力をつけていくことが大切です。

　この課題は、3年計画で目標を立ててください。たとえば、

1）1年次には、やさしい教室英語が授業中使えるようになることをめざした課題を課す。

2）2年次には、論理的に話すための表現をベースに、スピーチやプレゼンテーションをするためのテーマを課す。それをまず日本語で話し合い、英語によるスピーチやプレゼンテーションにつなげていく。

3）3年次には、ディスカッションやディベートをめざしたテーマを課す。それについて日本語で話し合い、それを英語による発表にしていく。

　何をいつやるかは、あくまでも先生方が生徒たちの個性や理解に応じて考えてください。

アクティブ・ラーニングによって生徒の発話の活性化を図る（その1）
アクティブ・ラーニングとは何か？

　本書では、アクティブ・ラーニングにつながる生徒同士の活動によって、発話を促すことを目標としています。アクティブ・ラーニングは、さまざまな課題に対して、生徒同士が協力して考え、調べ、ともに学び、発表をしていく活動です。この学習過程を取り入れることで、教師による講義中心の授業から、生徒主体の授業に変革できます。

　アクティブ・ラーニングの中で特に大切なことは、生徒同士が協力して考える点です。竹内理先生（関西大学）は、アクティブ・ラーニングを「思考を活性化させる活動」で「思考力・判断力・表現力等」を育むことができる学習と捉えておられます。

　生徒同士が協力して、1つの課題に対してさまざまな考えを出し合うことで、より幅広い、深い考えが生まれます。このことによって、生徒たちの思考や表現力だけでなくコミュニケーション能力も向上し、将来さまざまな課題を克服していく力が身につきます。

第 2 章 **実践編**

第2章では、生徒が仲間と協力しながら、教科書の内容や興味を持ったテーマについて「4技能5領域を統合した準備や授業」の中で英語を発話できるようになるための重要表現と、それを活用した授業案・活動案をご紹介していきます。ぜひ1、2年生の学期末などでご活用ください。

「4技能5領域を統合した授業」で発話するための重要表現・授業案・活動案

▶ここでは、生徒が「4技能5領域を統合した授業」で英語を発話するのに役立つ重要表現と、それを使った先生と生徒との授業案、その授業案をもとに生徒同士が協力し、発表する活動案を提案していきます。

1 重要表現　　　　　　　　　　　　　Key Expressions

ⓐ 教科書に関連した内容を「聞く」活動をするとき

Key Expressions for "Listening" Activity

 TRACK 16

T	What is the main point?	要点は何ですか？
S	The main point is 〜.	要点は〜ということです。
T	What did the speaker talk about?	話し手は何と言っていましたか？
S	He/She said that 〜.	彼／彼女は〜と言っていました。
T	How many examples did he/she give?	彼／彼女はいくつ例を挙げましたか？
S	He/She gave 〜 examples.	彼／彼女は〜の例を挙げました。
T	Do you agree with the speaker?	あなたは話し手に賛成ですか？
T	Can you think of other examples?	他の例を考えられますか？
S	There are 〜 and ….	〜や…があります。

ⓑ 教科書の概要を「読む」活動をするとき

Key Expressions for "Reading" Activity

TRACK 17

T	Are you interested in the story?	そのストーリーに興味がありますか？

⑤	Yes, I am. / No, I'm not. / No, not that much.	はい、あります。／いいえ、ありません。／いいえ、それほどでも。
T	Why does that interest you? / Why not?	なぜ興味があるのですか？／なぜないのですか？
⑤	Because ～.	なぜなら～だからです。
T	What is the author's opinion?	著者の意見はどのようなことですか？
⑤	His/Her opinion is that ～.	彼／彼女の意見は～ということです。
T	What does the author say about ～?	著者は～についてどう言っていますか？
⑤	He/She says that ～.	～と言っています。
T	Where does the author mention ～?	著者は～をどこで触れていますか？
⑤	He/She mentions ～ in	彼／彼女は～を…で触れています。
T	What seems to be the author's conclusion?	何が著者の結論に思えますか？
⑤	It seems to me that ～.	私には～と思えます。
T	Is there anything you don't understand in the text?	テキストの中で何かわからないところはありますか？
⑤	Yes. I don't understand ～.	はい。～がわかりません。

ⓒ 読んだものについて「話す」活動をするとき
Key Expressions for "Speaking" Activity

TRACK 18

T	What did you talk about?	何について話しましたか？
⑤	We talked about ～.	～について話しました。
T	Why do you agree[disagree]?	なぜ賛成［反対］なのですか？

S Because ～.   ～だからです。

ⓓ 話し合ったことについて「書く」活動をするとき
Key Expressions for "Writing" Activity

T What did you write about?   何について書きましたか？

S We wrote about ～.   ～について書きました。

T What's your opinion?   あなたたちの意見はどのようなものですか？

S In our opinion, ～.   私たちの意見では、～です。

T Could you give us the reason?   理由を言ってもらえますか？

S The reason is that ～.   理由は～ということです。

T Could you present what you wrote? 書いたことを発表してもらえますか？

T What do you mean by ～?   ～で何を言おうとしているのですか？

S We mean ～.   ～を言おうとしています。

T Is this what you want to say?   これはあなたが言いたいことですか？

S We feel that ～[In our opinion, ～].   私たちは～と感じています [私たちの意見では、
The reason is that ～.   ～です]。その理由は～です。

T Do you have any good ideas about ～?   ～するために何かよい考えはありますか？

S We think it is very important to ～.   ～するのがとても大切だと思います。

ⓐ 教科書に関連した内容を「聞く」活動をする授業案 （想定時間：50分）

Class Ideas to Supplement "Listening" Activities (Estimated Time: 50 minutes)

展開 Layout	学習活動 Learning Activity

①導入 Introduction

先生は新しいレッスンに入る前に、内容に関連したストーリーを音声や教師の英語で聞かせると同時に、これから聞くことについての質問を示す。質問は答えやすいものを中心にする

🔊 新しいレッスンに関連したものを聞くことで、生徒たちはこれから読むものに興味を持ってくれるでしょう。

生徒は英語を聞き、あらかじめ示されていた質問の答えを、ペアでチェックする

T Today I'd like you to listen to the story in the new lesson, and answer the questions.

今日は、新しいレッスンのストーリーを聞いて、質問に答えてもらいたいと思います。

(After listening to the story)

（ストーリーを聞いた後）

T Please review the answers in pairs for 15 minutes.

では、15分間ペアで答えを見直してください。

(After 15 minutes)

（15分後）

---

②展開 Plot

先生は何人かの生徒と質問の答えを確認する

🔊 聞き取りの質問は、内容を大きく捉えた、答えやすい質問をメインにしていきます。

T Are you ready? I'd like to check how well you worked together. **What is the story about?** How about you, Souta?

準備はいいですか？ どれだけよく取り組めたかを一緒にチェックしたいと思います。何についての話でしょうか？ ソウタはどうですか？

S1 **I think it is about** culture.

文化についてだと思います。

T That's right. **What is the main point?** How about you, Rei?

そのとおりです。要点は何でしょうか？ レイはどうですか？

S2 **The main point is that** there are many different cultures in the world.

要点は、世界には異なる文化がたくさんあるということです。

CHAPTER **2** 実践編

49

	T Very good! **What did the speaker talk about?** How about you, Mamoru?	大変いいですね！　話し手は何と言っていましたか？　マモルはどうですか？
	S3 **He said that** culture is created from music, food and language.	彼は、文化は音楽や食べ物、言語で創られていると言っていました。
🕐先生と生徒のデモンストレーションが終わったら、生徒同士で「授業案」にならって、聞いた内容について応答する練習をし、時間があればペアで発表させてください。	**T** Wonderful! **Can you think of other examples?** How about you, Yumi?	すばらしい！　他に例はありますか？　ユミはどうですか？
	S4 **There are** customs **and** religions.	慣習や宗教があります。
	T Very good!	とてもいいですね！
③**まとめ** Conclusion 先生は最後に、次に行うことを伝える	**T** I hope you found this lesson interesting. Now let's read the story.	みなさんがこのレッスンに興味を持ってくたらと思います。それでは、ストーリーを読んでいきましょう。

ⓑ 教科書の概要を「読む」活動をする授業案（想定時間：50分）

TRACK 21

Class Ideas to Supplement "Reading" Activities (Estimated Time: 50 minutes)

展開 Layout	学習活動 Learning Activity	
①**導入** Introduction これから読む質問を提示する。この際も、答えやすい質問から始める 生徒はグループで、示されていたいくつかの質問について、考えながら読む。その質問に英語で答えられるよう、日本語を混じえながら準備する	**T** Now I'd like you to read the story and think about the questions in groups. I'll give you 15 minutes. (After 15 minutes)	では、ストーリーを読んで、グループで質問について考えてもらいたいと思います。15分間あげます。 (15分後)

②**展開** Plot

先生は何人かの生徒
と、質問についてやり
とりする

⚠️できるだけ多くの生
徒にペアで考えたこ
とを聞きましょう。

⚠️最初は1文で答えら
れるようにして、多
くの生徒が発話しや
すい雰囲気を作って
いきます。

⚠️生徒に応じてあらか
じめあらすじや語句、
文法を説明したプリ
ントを配るとよいで
しょう。

⚠️生徒に応じるごとに、
理由も聞きましょう。

著者の考えが正しく
理解できたかを問う
質問も少しずつ加え
る

T Thank you everyone. Let's read the story together. **Are you interested in the story?** How about you, Kumi?

みんなありがとう。一緒にス
トーリーを読んでいきましょ
う。このストーリーに興味が
ありますか？ クミはどうで
すか？

S1 **Yes, I am.**

はい、あります。

T Good! How about you, Naoto?

よかった！ ナオトはどうで
すか？

S2 **Yes, I am.**

はい、あります。

T OK. **What interested you most?**

いいですね。何に一番興味が
ありますか？

S2 **I'm interested in** customs **most**.

慣習に一番興味があります。

T **Why?**

なぜですか？

S2 **Because** they reflect the life-style very much.

生活様式をとても反映してい
るからです。

T That's right. How about you, Sara?

そのとおりですね。サラはど
うですか？

S3 **I'm most interested in** food.

私は食べ物に一番興味があり
ます。

T **Why does that interest you?**

なぜ興味があるのですか？

S3 **Because** food is very different from culture to culture.

なぜなら、食べ物は文化によ
ってとても異なっているから
です。

T That's true. **What seems to be the author's conclusion?**

そうですね。何が著者の結論
に思えますか？

🔵先生と生徒のデモンストレーションが終わったら、生徒同士で「授業案」にならって、読んだ内容について応答する練習をし、時間があればグループで発表させてください。	⑤3 **It seems to me that** it is very important to understand different cultures.	私には、異なる文化を理解するのはとても大切だということだと思えます。

③**まとめ** Conclusion 先生はまとめと次の活動を指示する	🇹 Thank you everyone. Now let's practice reading out loud together!	みんなありがとう。それでは一緒に音読の練習をしていきましょう！
🔵本文の内容を大きく理解した後、細かい読み方や語句、文の意味を確認していきます。		

© 読んだものについて「話す」活動をする授業案（想定時間：50分） 🔵TRACK 22

Class Ideas to Supplement "Speaking" Activities (Estimated Time: 50 minutes)

展開 Layout	**学習活動** Learning Activity	
①**導入** Introduction 先生による授業内容の指示 生徒は読んだストーリーの内容についてグループで話し合う。その際、これから聞く質問を示しておき、その後クラス全体で話を進めていく	🇹 Today I'd like to talk about the content of the story with you. Before that, please answer the English questions in groups. I'll give you 15 minutes. Don't forget to choose your role.	今日は、みなさんとストーリーの内容について話し合いたいと思います。その前に、グループで英語の質問に答えてみてください。15分間あげます。そのとき、役割を決めるのも忘れないようにしてくださいね。
🔵グループ活動のときは、あらかじめ役割分担を決め、聞き役と答える役の練習を日本語を混じえてしておくよう指示してください。	(After 15 minutes)	(15分後)

先生は生徒に、グループごとに話し合った内容について聞いていく

T Time is up. Let's talk about the story together. **What did you talk about?** How about Nami's group?

時間になりました。一緒に話し合っていきましょう。何について話しましたか？　ナオミのグループはどうですか？

(S1) **We talked about** language.

私たちは言語について話しました。

T Sounds interesting! **What do you think about it?** How about you, Daisuke?

おもしろそうですね！　それについてどう思いますか？　ダイスケはどうですか？

(S2) **We think that** language is closely related to our culture. How about you, Mr. Miyamoto?

私たちは、言語は文化に密接に結びついていると思います。ミヤモト先生はいかがですか？

考えとともに、その理由についても質問する

T I agree with you. How about you, Akina?

賛成です。アキナはどうでしょうか？

(S3) **I agree because** we can understand different cultural expressions through the language they use.

私たちは人々が使っている言葉を通じて、異なる文化の表現を理解できるから賛成です。

グループの意見に対して、他の生徒にも考えを聞く

T I see. **Do you agree with** the group's opinion? How about you, Yukio?

そうですね。みんなはグループの意見に賛成ですか？　ユキオはどうですか？

(S4) **Yes, I agree with** them.

はい、賛成です。

理由も聞くと話し合いが深まります。

T **Why do you agree?**

なぜ賛成なのですか？

(S4) **Because** I can often understand parts of English culture by learning English words and idioms.

なぜなら英単語や英熟語を学ぶことによって、英語文化のいくつかの部分を理解できることがあるからです。

T That's a good point.

それはよい点ですね。

CHAPTER **2** 実践編

🔊続いて他のグループにも発表させ、その後できるだけ多くの生徒の意見を聞いてください。	(After some interaction with the other groups)	（他のグループとのやりとりをした後）
③**まとめ** Conclusion 先生は最後に、感想と次の授業の予定を言って授業を終える 🔊次の活動は、書いてそれを発表するものなので、あらかじめペアを決め準備をするように指示してください。	🇹 I'm very interested in your opinions. Thank you very much. In the next class, I'd like you to write about your opinions with your partner.	みんなの意見にとても感銘を受けました。どうもありがとう。次の授業では、パートナーと意見を書いてもらいたいと思います。

ⓓ 話し合ったことについて「書く」活動をする授業案 (想定時間：50分)
Class Ideas to Supplement "Writing" Activities (Estimated Time: 50 minutes)

展開 Layout	**学習活動** Learning Activity	
①**導入** Introduction 先生による授業内容の指示 生徒は、これまで読んできたストーリーの内容についての意見をペアで考えて書く	🇹 Today I'd like you to present what you wrote about the story in pairs. Please prepare for 20 minutes. I want you to write your opinions. (After 20 minutes)	今日はペアで読んだストーリーについて書いてほしいと思っています。20分間準備をしてください。意見を書いてください。 （20分後）
②**展開** Plot 先生はペアごとに何について書いたかを生徒に聞き、質問をする 🔊扱う内容は新しくても、使う表現はあくまでも授業で扱ったテキスト内のものにすると、多くの生徒が参加しやすくなります。	🇹 OK, let's start. **What did you write about?** How about you, Ken and Sayuri? §1 **We wrote about** religion. 🇹 That's a difficult topic. **How do you feel about it?** §1 **We feel that** religion is very difficult to understand.	さあ、始めましょう。何について書いてくれたでしょうか？ケンとサユリはどうですか？ 私たちは宗教について書きました。 それは難しい話題ですね。どう感じていますか？ 宗教はとても理解するのが難しいと感じています。

54

T Could you give us the reason?

理由を言ってもらえますか？

S1 **The reason is that** religion has often caused problems around the world because of misunderstanding.

理由は、宗教は誤解によってしばしば世界中に問題を起こしてきたからです。

T I see. **Do you have any ideas about how to** understand other religions?

なるほど。他の宗教を理解するために何か考えはありますか？

S1 **We think it is very important to** respect other religions even though they are different from ours.

たとえ自分たちのものと異なっていても他の宗教文化を尊重することがとても大切だと思います。

最後に、ペアで書いたものを発表させる

T I quite agree with you. Please talk about what you wrote.

まったく同じ意見です。それでは書いてくれたことを発表してください。

S1 **We feel that** religion is very difficult to understand. **The reason is that** religion has often caused problems around the world because of misunderstanding. **We think it is very important to** respect other cultures even though they are different from ours.

私たちは、宗教はとても理解するのが難しいと感じています。その理由は、誤解によって宗教がしばしば世界中に問題を起こしてきたからです。私たちはたとえ自分たちのものと異なっていても他の文化を尊重していくことがとても大切だと思います。

🕐 時間が許す限り、できるだけ多くのペアに発表させましょう。

T Excellent! Who's next? How about Meguni and Kotoe?

すばらしい！　次は誰でしょうか？　メグミとコトエはどうですか？

S2 **We wrote about** music.

私たちは音楽について書きました。

T Very good! **What's your opinion?**

とてもいいですね！　あなたたちの意見は？

§2 **In our opinion,** music can be a great way to understand each other.

私たちの意見では、音楽は互いを理解するためのすばらしい方法になるはずです。

⚠️ できるだけ多くのペアが発表できるよう、発表時間は短くさせましょう。

🅣 I agree. **Could you talk about what you wrote?**

そうですね。それでは書いたものについて話してもらえますか？

§2 **In our opinion**, music can be a great way to understand each other. We believe that music can be enjoyed by anyone from any culture. **We think it is very important to** understand others through music.

私たちの意見では、音楽は互いに理解するための素晴らしい方法になるということです。音楽はどの文化の誰からにも楽しまれています。私たちは音楽を通して他の人たちを理解するのはとても大切なことだと思っています。

⚠️ 書いたものを発表する活動はペア対先生になりがちです。時々他の生徒に感想を聞きながら、時間を限定して何回かに分けて行いましょう。

🅣 Very good! Thank you. So let's continue to listen to other presentations!

大変よくできました！ ありがとうございました。それでは引き続き発表を聞いていきましょう！

⚠️ 先生と生徒のデモンストレーションが終わったら、生徒同士で練習し、時間があれば発表させてください。

(After some pairs' presentation)

(何組かのペアの発表の後)

③**まとめ** Conclusion
先生は授業の感想を言って授業を終える

🅣 Thank you very much. I'm very impressed with your presentations.

ありがとうございました。みんなの発表はとてもよかったです。

3 活動案　　　　　　　　　　　　　　　Activity Ideas

タスクと評価表
Task and Evaluation Sheet

　このタスクは、これまでの授業で行った「聞き」、「読み」、「話し」、「書く」活動を統合したものです。ペアで話し合いながら発表できるようにしてください。(　　) には名前を書きます。最後に、書かせたものを板書してください。

タスク　　　　　　　　　　　　　　　　　　　　　　　　　Task

(　　　　): We listened to the following four questions.

No. 1: _____ ?

No. 2: _____ ?

No. 3: _____ ?

No. 4: _____ ?

(　　　　): What is the story about?

(　　　　): I think it is about _____ .

(　　　　): What interested you most?

(　　　　): I'm interested in _____ most.

(　　　　): That sounds interesting.

(　　　　): What do you think about it?

(　　　　): I think that _____ .

(　　　　): I see.

(　　　　): What's your opinion?

(　　　　): My opinion is that _____ .

(　　　　): I agree. Finally, we'll present what we wrote.

(　　　　): We think that the story is about _____ .

　　　　　　We are most interested in _____ .

　　　　　　The reason is that _____ .

　生徒は、ペアごとに他のペアの発表を評価し、評価表①〜③のどこを発表するかを相談しておくようにしてください。

Presenters: _____ _____

Evaluators: _____ _____

---

① Listening Ability   1 Excellent   2 Very Good   3 Good

I think that their listening ability is _____.

---

② Reading and Speaking Ability   1 Excellent   2 Very Good   3 Good

We feel that their reading and speaking ability is _____.

Especially we are interested in _____.

because _____.

---

③ Writing Ability   1 Excellent   2 Very Good   3 Good

In our opinion, their writing ability is _____.

The reason is that _____.

4技能5領域を統合した生徒同士の活動案 (想定時間：50分)
Activity Ideas Integrating All 4 Skills (Estimated Time: 50 minutes)

TRACK
24

展開 Layout	学習活動 Learning Activity	

①導入 Introduction

先生によるタスク内容の説明

ここでは、これまで読んできたものに関連した新しい教材を使って、4技能5領域を伸ばす活動をする

❶このタスクは4技能5領域を統合したものなので、これまでよりも多くの時間をかけます。

❶生徒たちは、まったく同じ教材よりも、少し変化をつけたほうが関心を持つでしょう。

🔲 Today I'd like you to do tasks to develop your 4 English skills in pairs.
First, listen carefully to the new story related to the lesson, and write down the English questions.
Second, think about the questions while reading the story.
Third, talk about the questions, and answer them.
Lastly, write your opinions about the story.
This should take 20 minutes. So, let's start.

今日はペアでみんなの4技能を伸ばすためのタスクをしてもらいたいと思います。
まず、レッスンに関連した新たなストーリーをよく聞き、英語の質問を書き取ってください。
2番目に、ストーリーを読みながら質問について考えてください。
3番目に、その質問について話し合ってください。
最後に、その話について意見を書いてください。
この時間は20分です。では、始めましょう。

(After 20 minutes)

(20分後)

②展開 Plot

最初のペアが発表をする

先生は最初のペアの発表前に、他の生徒へ評価表への記入を確認する

❶このタスクでも、これまで学習してきた「重要表現」やそれを使った「授業案」が活かせるようにしていくことが大切です。

🔲 Thank you very much. Which pair is going to present first?

(Chika and Arisa raise their hands)

🔲 Thank you Chika and Arisa. Please go ahead. Everyone, don't forget to write your evaluations.

ありがとうございました。どのペアが最初に発表をしてくれますか？

(チカとアリサが手を挙げる)

チカとアリサありがとう。始めてください。みなさん、評価表への記入を忘れないでくださいね。

CHAPTER
2
実践編

⚠️ 4技能を統合して伸ばすためには、教科書に関連したものを聞き、読み、それについて話し、書いていくことが基本的な形です。そして、その過程で生徒が協力して何かオリジナルの考えを発表できるようにすると、より効果が上がります。

⑤1 We listened to the following four questions.

No1: **What is the story about?**

No 2: **What interested you most?**

No 3: **What do you think about it?**

No 4: **Do you have any good ideas to solve the problem?**

私たちは次の4つの質問を聞き取りました。

1番目：何についての話ですか？

2番目：何に一番興味を持ちましたか？

3番目：それについてどう思いますか？

4番目：その問題を解決するには何かよい考えはありますか？

🔲 That's correct. Could you answer the questions?

そのとおりです。質問に答えてもらえますか？

⑤1 **What is the story about?**

何についてのストーリーだった？

⑤2 **I think that it is about** the differences between English and Japanese.

英語と日本語の違いについてだと思うよ。

⑤1 **What interested you most?**

何に一番興味を持った？

⑤2 **I'm most interested in** the differences between the two languages.

2つの言葉の違いに一番興味を持ったよ。

⑤1 **What do you think about it?**

それをどう思う？

⑤2 **I think that** it is difficult for Japanese people to learn English because the word orders are so different.

私は言葉の語順が違うために日本人にとって英語を学ぶことがより難しくなるのだと思うよ。

⑤1 I see.

そうだね。

⑤2 **What's your opinion?**

あなたの意見は？

(S1) **My opinion is that it is very important to** practice listening, reading, speaking, and writing English every day.

私の意見は英語を聞き、読み、話し、書く練習を毎日することがとても大切だということだよ。

●このタスクでは、最後に「問題を解決するための考え」を発表するようになっています。

(S2) I agree. Finally, **we'll present what we wrote.**

賛成です。最後に、書いたことを発表します。

(S1) **We feel that** it is very difficult to learn English. **The reason is that** the word orders are so different. **We think it is very important to** practice listening, reading, speaking and writing English every day.

私たちは英語を学ぶことはとても難しいと感じています。その理由は語順がとても違うからです。そのために毎日英語を聞き、読み、話し、書く練習をすることがとても大切だと思っています。

T Thank you for your good presentation. Who's the next pair?

よい発表をありがとう。次はどのペアですか？

(After some pairs' presentations)

（いくつかのペアの発表の後）

T Now share your evaluations.

では、みんなの評価を共有してください。

(After some students present their evaluations)

（何人かの生徒が評価を発表した後）

③**まとめ** Conclusion

何組かの発表の後、先生は何人かの生徒に評価表を用いて評価を発表させる

最後に、生徒にワークシートと評価表を提出させ授業を終える

T Thank you everyone. Please hand in your worksheet and evaluation sheet.

みんなありがとう。ワークシートと評価表を提出してください。

CEFRとACTFL-OPI

金子朝子

　平成 27 年に告示された新学習指導要領『外国語』中学校と高等学校は、国際的な言語の習得状況を評価するためのガイドラインを示す CEFR (Common European Framework of Reference for Languages)『ヨーロッパ言語共通参照枠』を参照して作成されました。学習指導要領には、CEFR は 2001 年に欧州評議会が複数言語主義の理念に基づいて発表したもので、学習者、指導者、評価者が外国語の熟達度を共通の尺度で評価できるという大きな特徴があることが紹介されています。もちろん、CEFR は英語やヨーロッパ言語の運用力を評価するだけでなく、日本語能力の評価にも活用されています。習得レベルを「A：基礎段階」「B：自立段階」「C：熟達段階」に分け、さらにそれぞれのレベルを 2 段階に分類して、全部で 6 段階の区別があります。小学校の外国語では卒業時に Pre A(英検 4 級)、中学校卒で A1 〜 A2（英検 3 級〜準 2 級）、高等学校卒業時に B1 〜 B2（英検 2 級〜準 1 級）を目指しています。新学習指導要領が、4 技能、5 領域となったのも、CEFR を参照した結果です。

　ACTFL-OPI は、ACTFL (The American Council on the Teaching of Foreign Languages) が開発した、どの言語にも汎用できる会話の試験です。1 対 1 のインタビュー形式で、話し手がその言語を使って何ができるかを基準とした会話の試験です。4 つの評価基準である、場面と話題、英語の正確さと流暢さ、英語のテキストの型、総合的なタスクと機能にどの程度の対応ができるかによって、初級の下から始まって、超級までの 10 段階のどこまでのスピーキング力があるかの評価を受けます。このテストの特徴は、文法の正確さだけを測定するのではなく、流暢さ、語用論的能力、社会言語学的能力も測定するもので、試験官はできるだけ最小限の話をして、後は、受験者に自由に思う存分語ってもらう時間を取ります。日本では ACTFL-OPI に準拠した SST (Standard Speaking Test) も行われています。

　こうした新しい総合的な英語力やスピーキング力の評価法は、これまでの日本で長く行われてきた、教師の英語を繰り返して発音し、それを記憶する学びで終わるのではなく、自分の気持ちや考えを、話の場面や言語の働きを自らが考えながら選択して、英語で伝える学びに変えていく大きな力になっているのではないでしょうか。生徒が主役になる授業を、ぜひ実現したいものです。

文部科学省．（2017）．中学校学習指導要領（平成 29 年告示）解説「外国語編」
文部科学省．（2017）．高等学校学習指導要領（平成 29 年告示）解説「外国語編」
SST Trainer's Manual. (1997). ACTFL

COLUMN　Notice the Gap　　　　　　　　　金子朝子

 — 右欄外縦書き： CHAPTER 2 実践編

学習者の英語力が伸びるに従って、英語スピーキングの指導も変えていく必要があります。Bailey (2005) は、次のような具体例を挙げて説明しています。

(1) 初級学習者の指導では
　a. 学習者に何か話すネタを与えること
　b. グループワークやペアワークでやり取りする機会を作ること
　c. 座席の配置を工夫して、話し相手のクラスメートをしばしば変えること
(2) 中級学習者の指導では
　a. 意味交渉 (negotiation for meaning) が必要なスピーキングタスクを計画すること
　b. 社会的目的を持った個人間の話 (interpersonal speech) と、何かを買ったりサービスを求めたりする交渉のための話 (transactional speech) の両方の機会を与えること
　c. 話の内容をできるだけ生徒の好みや生活環境に合わせること
(3) 上級学習者の指導では
　a. 流暢さと正確さを備えたスピーキング力を身につけるように工夫すること
　b. スピーキングでは生徒にある程度のリスクを負わせること
　c. "Notice the gap" の機会を与えること

　上級学習者の指導で最後にリストアップされた "Notice the Gap" とは、どんなことを意味しているのでしょうか。
　自分の言いたいことと言えることのギャップを知ること、つまり学習者が、伝えたいと思っていても自分の英語力では伝えられないことを自己認識することです。それでは、自分の英語力の自己認識は、どのような活動で可能なのでしょうか。それは、できるだけ即興に近い形で話す機会を作ることではないでしょうか。教室外で行われる「やり取り」はほとんど即興です。対話では、相手が何を求めているか、その場にならないとわかりません。相手の話を聞いて、相手の質問や疑問に即興で応答することが必要です。ディベートも、トピックについては準備ができても、相手がどんな議論をしてくるのか、その場にならないとわかりませんね。上手に伝えられた英語よりも、うまく伝えられなかった英語に出合うことが、英語力向上には重要なのかもしれません。また、そうした機会を作るためには、学習者も、もしかしたら英語に間違いがあるかなと少々自信がなくても、どんどん自分の考えや言いたいことを、何とか工夫して、とにかく相手に伝える機会をたくさん持つことが大切なのではないでしょうか。

Bailey, K. M. (2005). *Speaking.* New York, Mc Graw Hill.

アクティブ・ラーニングによって生徒の発話の活性化を図る（その２）
英語の授業におけるアクティブ・ラーニングについて

　アクティブ・ラーニングを英語の授業の中で生かすには、どのようなことが必要なのでしょうか？

　授業におけるアクティブ・ラーニングのポイントは、

① プリントなどを活用して講義や板書の時間を減らす。

② 生徒同士の協同学習の時間を設ける。

③ 生徒と一緒に振り返りの時間をつくる。

です。これらを踏まえ、以下の３点を提案します。

１）生徒にアクティブ・ラーニングについてよく説明し、なぜそれが役に立つのかや、どのような形で導入し、評価するのかという点を理解させる。

２）日常の授業の中で、短時間でもよいので生徒がペアやグループで考え、調べ、活動し、発表する時間を設ける。

３）３年計画をもとに、学期に１～２度時間をかけて生徒たちが協力して、考え、調べ、準備し、発表する課題を提供する。

　アクティブ・ラーニングを授業に導入するときは、あまり無理をしないことが大切です。基本となるのは、生徒の基礎力と応用力をつける普段の授業です。その普段の授業で少し時間を取って、日常的かつ継続して生徒が協力して考え、調べ、まとめ、発表するアクティブ・ラーニングの場面を設けることが必要です。これをベースに、学期に１～２回、生徒たちが時間をかけて取り組むことのできる課題を提供していけば、先生方も生徒も無理なくアクティブ・ラーニングを活用できます。

第3章 応用編

第3章では、生徒同士が協力しながら、教科書の内容や興味を持ったテーマについて「パラグラフ単位」の文から「スピーチ」や「プレゼンテーション」で英語を発話できるようになるための重要表現と、それを活用した授業案・活動案をご紹介していきます。ぜひ2、3年生の学期末などでご活用ください。

「スピーチ」のための 重要表現・授業案・活動案

▶ UNIT 1 では、生徒が「スピーチ」で英語を発話できるようになるために役立つ重要表現と、それを使った先生と生徒との授業案、その授業案をもとに生徒同士が協力し、発表する活動案を提案します。

1 重要表現 　　　　　　　　　　　　　　Key Expressions

ⓐ スピーチのトピックと序論を話し合うとき
Key Expressions for Discussing Topic of Speech

TRACK 25

T	We're going to create an introduction for your speech. What do you want to talk about?	スピーチの序論を作っていきましょう。何について話したいですか？
S	We want to talk about ～.	私たちは～について話したいです。
T	You can use the Internet in your discussion.	話し合うとき、インターネットを使ってもいいですよ。
T	How about talking about ～ in your speech?	～についてスピーチで話してはどうですか？
S	How can we say it in the introduction?	序論ではどう言えばいいですか？
T	Why don't you use some of the important points and key expressions listed in the handout?	プリントにあるポイントと「重要表現」を使ったらどうですか？

ⓑ スピーチの本論について話し合うとき

Key Expressions for Discussing Body of Speech

TRACK
26

T	Today I'd like you to talk about the body of your speech. What kind of ~ are you interested in?	今日はスピーチの本論について話してほしいと思います。どんな種類の~に興味がありますか？
S	We're especially interested in ~.	特に~に興味があります。
T	I suggest that you speak about it.	それについて話したらいいと思います。
T	How many reasons can you give?	いくつ理由を話せますか？
S	We can give three reasons. First, ~. Second, ~. Third, ~. For these reasons, we think ~.	私たちは3つ話せます。第1に、~です。第2に、~です。第3に、~です。これらの理由のために、~と思います。
T	I'm sure that you can include them in the body of the paragraph.	きっとそれらをパラグラフの本論に含められますね。

CHAPTER **3** 応用編

ⓒ スピーチの結論について話し合うとき

Key Expressions for Discussing Conclusion of Speech

TRACK
27

T	Finally, we're going to create the conclusion of your speech.	最後に、スピーチの結論を作っていきましょう。
S	We think it's very important to stress why we're interested in ~[we like ~].	私たちはなぜ~に興味があるかを［~が好きなのかを］強調するのが大切だと思います。
S	How can we express it in the conclusion?	それを結論でどう表したらいいですか？
T	If I were you, I would use several key expressions in the conclusion.	もし私があなたたちなら、結論に「重要表現」をいくつか使うでしょう。
S	We'd like to focus on ~.	~ということに焦点を当てたいです。
S	In addition, we'd like to say why ~.	加えて、なぜ~なのかを言いたいです。

2 授業案 　　　　　　　　　　　　　　　Class Ideas

ⓐ スピーチのトピックと序論を話し合うための授業案 （想定時間：50分）

Class Ideas for Discussing Topic of Speech (Estimated Time: 50 minutes)

TRACK 28

展開　Layout	学習活動　Learning Activity	
①**導入**　Introduction ⚠ 先生はまず、スピーチの構成について、巻末付録「スピーチのためのポイントと重要表現」を活用しながら説明します。その後、ペアでどのようなことをスピーチで言いたいかを話し合うよう指示しましょう。	**T** Today **we're going to create an introduction for your speech.** I'd like you to think about what you want to talk about. Please discuss this in pairs. I'll give you 15 minutes. (After 15 minutes)	今日はスピーチの導入を作っていきましょう。何について話したいかを考えてもらいたいと思います。ペアで話し合ってください。15分間あげます。 （15分後）
②**展開**　Plot 話したい内容について生徒に聞いていく ⚠ スピーチのトピックは生徒が関心のある身近なものがよいでしょう。 トピックを決めたら、導入でどのように表していくかを話し合う	**T** **What do you want to talk about?** How about you, Yoshiko and Kenta? **S1** **We want to talk about** food. **T** Very good! **S2** **How can we start the intro-duction?** **T** **Why don't you use some of the important points and key expressions listed in the handout?**	何について話したいですか？ヨシコとケンタはどうですか？ 私たちは食について話したいです。 とてもいいですね！ 導入はどう始めればいいですか？ プリントにあるポイントと「重要表現」をいくつか使ったらどうでしょう？

③まとめ Conclusion

生徒はペアで発表する人を決め、考えたスピーチの導入を発表する

(S1) OK. So the introduction of our speech will be the following: **"Hello, everyone. How are you? Thank you for coming today. My name is** Yoshiko Okamoto."

わかりました。それでは私たちのスピーチの導入は次のようになりますね。
「こんにちは、みなさん。元気ですか？　今日はお越しいただいてありがとうございます。私の名前はオカモト・ヨシコです」

(S2) **"My name is** Kenta Tanaka."

「私の名前はタナカ・ケンタです」

👤先生は、次の授業で本論について話し合うことを生徒に伝え、準備するよう伝えてください。

(S1) **We're** first-year **students at** Hayama High School. What is your favorite food? **Today we would like to talk about** food that we like, **especially about** Japanese food."

「私たちは葉山高校の1年生です。好きな食べ物は何ですか？　今日は私が好きな食、特に日本食についてお話したいと思っています」

CHAPTER
3
応用編

Hint

アクティブ・ラーニングによって生徒の発話の活性化を図る（その3）
アクティブ・ラーニングを効果的に行い、
生徒の発話に結びつけるには

　アクティブ・ラーニングは、生徒の発話力を伸ばすためにとても有効な学習形態です。それは、生徒が協同学習によって「思考力・判断力・表現力等」を育むことができるからです。アクティブ・ラーニングをより生徒の発話力育成に結びつけるためには、次の5つのポイントがあります。

1）先生と生徒、そして生徒同士が自由に考えを出し合い、安心して活動できる関係を作る。
2）3年計画で、生徒の発話力を伸ばすための目標と計画を先生同士、先生と生徒の間の共通理解のもとに作り上げる。
3）生徒の発話を伸ばすための課題は、正解が1つのものではなく、必要な「重要表現」の知識をもとに十分な事前準備を積めば、誰でも取り組めるものにする。
4）生徒の発話力を伸ばすための課題は、英語の4技能のうち、2技能以上（特に「書く」「話す」）を融合して達成できるものにする。
5）課題の発表に対する評価は、先生だけでなく生徒も参加できるものとする。

⚠先生と生徒のデモンストレーションが終わったら、生徒同士で練習し、発表させてください。	🔳 That's a good introduction!	いい導入ですね！
	§2 Thank you.	ありがとうございます。

ⓑ スピーチの本論について話し合うための授業案 （想定時間：約50分）
Class Ideas for Discussing Body of Speech (Estimated Time: 50 minutes)

展開 Layout	学習活動 Learning Activity	
①導入 Introduction 先生による授業内容の指示 生徒はペアで、スピーチの本論の部分について話し合う	🔳 **Today I'd like you to talk about the body of your speech.** Before I ask you about it, please think about it in pairs. I'll give you 20 minutes. (After 20 minutes)	今日はスピーチの本論について話してほしいと思っています。それを聞く前に、ペアで考えてみてください。20分間あげます。 （20分後）
②展開 Plot 先生はまず、前回聞いたペアに質問をする ⚠本論では、選んだトピックについてさらに話を深めていきます。トピックを深めるには、選んだ理由を複数挙げると、本論としてとてもわかりやすくなります。	🔳 Yoshiko, **what kind of** food **are you interested in?**	ヨシコ、どんな食べ物に興味があるのですか？
	§1 **I'm especially interested in** Japanese food.	特に日本食に興味があります。
	🔳 **I suggest that you make an outline of what you want to talk about.**	話したいことについてアウトラインを作ったらいいですよ。
	§1 I agree.	そうですね。
	🔳 **How many reasons can you give?**	いくつ理由を話せますか？
	§2 **We can give** three reasons. **First**, Japanese food is delicious. **Second**, it is made beautifully. **Third**, it is very healthy.	3つの理由を挙げられます。第1に、日本食はおいしいです。第2に、美しく作られています。第3に、とても健康的です。

70

最後に、本論で使う表現を示して完成させる	**1** **You can include them in the body of the paragraph.**	それらをパラグラフの本論に含めるといいですね。
	Ⓢ② That's what we'll do.	そうします。

---

③**まとめ** Conclusion 生徒は、考えたスピーチの展開を発表する	Ⓢ① So the body of our speech will be the following: "**We think that** Japanese food is one of the most wonderful foods in the world. Why is Japanese food so wonderful? **We would like to give you three reasons. First**, Japanese food is delicious. **Second**, it is made beautifully. **Third**, it is very healthy. **For these reasons**, we think it very important to introduce Japanese food to the world."	そうすると私たちのスピーチの本論は次のようになりますね。 「日本食は世界で一番すばらしい食べ物のひとつだと思います。なぜ日本食はそんなにすばらしいのでしょうか？ その理由を3つ挙げたいと思います。第1に、日本食はおいしいです。第2に、美しく作られています。第3に、とても健康的です。これらの理由から、日本食を世界に紹介することはとても大切だと思っています」
🕐時間に応じて、他の生徒とも同様にやりとりをしてください。 🕐先生は、次の授業で結論について話し合うことを生徒に伝え、準備するよう伝えてください。	**1** I think this is an excellent body for your speech.	これはスピーチのすばらしい本論になると思います。
	Ⓢ② Thank you for your advice.	アドバイスをくださってありがとうございました。

> *Hint*
>
> ### 4技能5領域を統合した授業で生徒の発話力を伸ばす（その1） 英語の核を理解する
>
> 英語の4技能は「聞き」「読む」「書き」「話す」力ですが、それを伸ばすためにはまず生徒に、共通の核を理解してもらうことが必要です。共通の核とは、英語はSとVにさまざまな意味のカタマリが加わって成り立っているということです。
>
> ストーリーを理解する（聞き、読む）ときや、発信する（書き、話す）ときもこの核をふまえ、意味のカタマリごとにできるだけ前から理解し、発信できるように指導することが大切です。

ⓒ スピーチの結論について話し合うための授業案（想定時間：50分）

Class Ideas for Discussing Conclusion of Speech (Estimated Time: 50 minutes)

TRACK
30

展開 Layout	学習活動 Learning Activity	
①導入 Introduction 先生は活動内容を説明する 生徒はペアになり、スピーチの結論について話し合う	**T** **Finally, we're going to create the conclusion of your speech.** I'd like you to think about it in pairs. I'll give you 20 minutes.	ついに、スピーチの結論を作ることになりました。ペアで考えてもらいたいと思います。20分間あげます。
	(After 20 minutes)	（20分後）
②展開 Plot 先生はまず、前回聞いたペアに、話し合ったことを発表させる	**T** Yoshiko, are you ready?	ヨシコ、準備はいいですか？
🔔結論は、今まで述べてきたことのまとめになるので、もう一度何を言いたいのかを確認しましょう。	**S1** Yes, I am. **I think it's very important to stress why I'm interested in** Japanese food so much.	はい。私はなぜ日本食にとても興味があるかを強調することがとても大切だと思います。
	T That's right.	そうですね。
	S2 **How can we express it in the conclusion?**	それを結論でどう表したらいいでしょうか？
最後に、結論で使う表現を示して、結論を完成させる	**T** **If I were you, I would use several key expressions in the conclusion.**	もし私があなたたちなら、結論に「重要表現」をいくつか使います。
	S2 **I would focus on** Japanese food being very healthy.	私は日本食がとても大切だということに焦点を当てたいです。
	T Sounds good.	いいですね。
	S1 **In addition, I'd like to say why** Japanese food is so healthy.	加えて、日本食がなぜとても健康的なのかを言いたいです。
	T Excellent!	すばらしい！

③まとめ Conclusion

生徒は、考えたスピーチの結論を発表する

(S1) So the conclusion of our speech will be the following:

"**Generally speaking**, Japanese food is very healthy. **In our opinion**, it uses more natural ingredients than any other food. In other words, Japanese food is very organic and fresh. **In conclusion, we'd like** more people to learn about the health benefits of Japanese food. **Thank you for listening.**"

そうすると私たちのスピーチの結論は次のようになりますね。

「一般的に言えば、日本食はとても健康的です。私の考えでは、日本食は他のどの食事よりも自然の食材を使っています。言い換えると、日本食はとても有機的で新鮮です。結論として、私はもっと多くの人々に、日本食の健康面での利点を知ってもらいたいです。聞いてくださりありがとうございました」

先生は、時間があれば他の生徒とも同様にやりとりをしてください。

T That's an excellent conclusion!

すばらしい結論です!

(S2) Thank you very much.

ありがとうございます。

CHAPTER

③

応用編

Hint

4技能5領域を統合した授業で生徒の発話力を伸ばす（その2）
4技能を融合する

　英語の核を理解した次に必要なのは、共通の教材（題材）を使って4つの力をつけていくことです。たとえば、教科書のあるレッスンを使うとしたら、それをもとにして聞き、読み、書き、話すためのタスクを提示し、それを使って4技能を伸ばすことをお勧めします。

　1回50分という限られた授業時間の中では、リーディング、リスニング、スピーキング、ライティングのすべてを提供することは難しいです。インプットの部分では、とにかく情報量とスピードを意識しましょう。そして、後半でアクティブ・ラーニングの時間を取ります。グループに分かれた生徒たちは、それぞれ講義の内容を振り返り、意味を考えながら互いに教え合い、指摘し合いながら発表を行います。

　アクティブ・ラーニングに関しては、基本的に先生は授業をコーディネートするだけで、ほとんど口を出すことはありません。生徒同士で調べ、教え、発表し英語を読み、書き、聞き、話す状況を作ることが大切です。

タスク   Task

　ペアで、次のフォーマットをもとに、関心を持ったテーマについてのスピーチを考え、発表できるようにしてください。（　　）には名前を書きます。

（　　　　）: **What do you want to talk about in your speech?**

（　　　　）: **I want to talk about** _____ .

（　　　　）: Sounds interesting! **What would you like to say in the introduction?**

（　　　　）: **I'd like to introduce the topic of our speech.**

（　　　　）: That's a good idea! **How many points can we talk about?**

（　　　　）: **We can talk about** _____ **points.**

（　　　　）: Sounds good! **What would you like to say in the conclusion?**

（　　　　）: **I'd like to repeat why I talk about** _____
in the end.

（　　　　）: Anything else?

（　　　　）: **I'd like to propose the ideas to** _____ .

（　　　　）: Wonderful!

（　　　　）: **So our speech will be the following:**

"Hello, everyone. How are you? Thank you for coming today.

My name is _____ ."

"**My name is** _____ ."

"**We're** first-year students **at** _____ High School.

Are you interested in _____ **? Today we would**

---

like to talk about _____

_____ .

We think it is very important to consider _____ .

It seems that there are three important things for _____ .

First, _____ .

Second, _____ .

Third, _____ .

In conclusion, we'd like to say that it is very important to _____

_____ .

Thank you for listening."

CHAPTER
3
応用編

評価表　　　　　　　　　　　　　　　　　　　　　　Evaluation Sheet

　生徒は、ペアごとに他のペアの発表を評価し、評価表①～⑥の発表の場所を考えるようにしてください。

評価ポイント Evaluation Points	評価 Evaluation
① 発音・流暢さ Pronunciation, Speed, Pause, Fluency	1 Excellent　　2 Very Good　　3 Good I think that the _____ is _____ because _____ _____ .
② 発表態度 Presentation Attitude (Eye contact, etc.)	1 Excellent　　2 Very Good　　3 Good I think that the _____ is _____ because _____ _____ .

③ 準備・構成 Preparation, Structure	1 Excellent 2 Very Good 3 Good I think that the _____ is _____ because _____ _____ .
④ 文法・語彙 Grammar, Vocabulary	1 Excellent 2 Very Good 3 Good I think that the _____ is _____ because _____ _____ .
⑤ 内容・情報 Contents, Information	1 Excellent 2 Very Good 3 Good I think that the _____ is _____ because _____ _____ .

⑥ Comments

We think that _____ 's speach is _____ .

The first reason is that _____ .

The second reason is that _____ .

Presenters: _____   _____

Evaluators: _____   _____

活動案
Activity Ideas

生徒同士がペアでスピーチの内容を考え、発表するための活動案（想定時間：50分）
Activity Ideas for Thinking and Presenting Speech (Estimated Time: 50 minutes)

TRACK 31

展開 Layout	学習活動 Learning Activity	
①**導入** Introduction 先生が今回の活動の内容を説明する 生徒はペアで教科書の内容に関連したことや興味をもったことについてのスピーチを考えていく	🖵 Today I'd like to listen to your speeches. Who's going to present first?	今日はみなさんのスピーチを聞かせてもらいたいと思います。誰が最初に発表してくれますか？
	(Sayuri and Yasuo raise their hands.)	（サユリとヤスオが手を挙げる）
	🖵 Thank you very much, Sayuri and Yasuo. Could you give your speech?	サユリ、ヤスオ、どうもありがとう。スピーチを発表してもらえますか？
②**展開** Plot 1人の生徒が相手の生徒に話す内容を聞いていく 💡序論、本論、結論でどのようなことを言っていくかを話し合いましょう。	⑤1 **What do you want to talk about in your speech?**	スピーチでは何について話したいと思う？
	⑤2 **I want to talk about** my ideal society.	私の理想の社会について話したいと思うよ。
	⑤1 Sounds interesting! **What would you like to say in the introduction?**	おもしろそう！　序論ではどんなことを言いたい？
	⑤2 **I'd like to introduce the topic of my speech.**	スピーチのトピックについて紹介したいな。
	⑤1 That's a good idea! **How many points can you talk about?**	それはいい考えだね！　いくつ話せる？
	⑤2 **I can talk about** three **points.**	3つ話せるよ。
	⑤1 Sounds good! **What would you like to say in the conclusion?**	いいね！　結論では何を言いたい？

CHAPTER **3** 応用編

77

(S2) **I'd like to repeat why I wanted to talk about** my ideal society **in the end.**

最後になぜ理想の社会について話したいのかを繰り返したいと思うよ。

(S1) Anything else?

他には？

(S2) **I'd like to propose my ideas to** create this society.

その社会を創るための考えを提案したいと思うんだ。

(S1) Wonderful!

すばらしい！

---

③まとめ Conclusion
生徒は、話し合った結果できたスピーチを発表する

(S2) So our speech will be the following:
"Hello, everyone. How are you? Thank you for coming today. My name is Yasuo Tominaga."

そうすると私たちのスピーチは次のようになるね。

「みなさん、こんにちは。お元気ですか？　私の名前はトミナガ・ヤスオです」

(S1) "**My name is** Sayuri Kubo."

「私の名前はクボ・サユリです」

(S2) "**We're** first-year **students at** Hayama High School. **Are you interested in** the future of our society? **Today we'd like to talk about** our ideal society. **We think it is very important to consider** the future of our society. Our ideal society is where people from different places can be happy together. **We believe that there are three important things for** such a society to exist. **First**, everyone should have equal opportunities for education. **Second**, everyone should be able to live happily even if they are different. **Third**, everyone should have the chance to be successful.

「私たちは葉山高校の１年生です。みなさんは未来の社会に興味がありますか？　今日は私たちの理想とする社会について話したいと思います。

私たちは未来の社会について考えることはとても大切だと思っています。私たちの理想とする社会は、異なる場所からきた人々がみんな幸せになれるところです。

そのような社会が存在するには次の３つのことが大切だと思います。第１に、誰もが教育を受けられる平等な機会を得られるべきです。第２に、たとえ異なっていても誰もが幸せに暮らせるべきです。第３に、誰もが成功できる機会を持つべきです。

In conclusion, we'd like to say that it is very important to imagine a society that accepts everyone's differences. If we can work together to be happy, our society will be much better. **Thank you for listening."**

結論として、みんなの違いを受け入れる社会を心に抱くことはとても大切だと言いたいです。もし共に幸せでいるために協力すれば、私たちの社会はよりよいものになるでしょう。ご清聴ありがとうございました」

先生は、他の生徒に口頭で質問を求め、その後、評価表への記入と発表を指示する

T Thank you for your great speech! Does anyone have a question about the speech? How about you, Keita?

すばらしいスピーチをありがとうございました！ 誰か質問はありますか？ ケイタはどうですか？

S3 Do you think we can create the ideal society?

理想的な社会を創ることができると思いますか？

S1 Although it is very difficult, I think we can create such a society with strong will.

とても難しいですが、強い意思を持てばそのような社会を創れると思います。

T Thank you, Keita. Everyone, please write your evaluation and present it.

ケイタありがとう。みなさんは、評価を書いて発表してください。

CHAPTER **3** 応用編

79

「プレゼンテーション」のための
重要表現・授業案・活動案

▶ UNIT 2 では、生徒が「プレゼンテーション」で英語を発話するために役立つ重要表現、それを使った先生と生徒との授業案、その授業案をもとに生徒同士が協力し、発表する活動案を提案します。

① 重要表現　　　　　　　　　　　　　　　Key Expressions

ⓐ プレゼンテーションのテーマと序論を話し合うとき
Key Expressions for Discussing Topic of Presentation

TRACK
32

T	We're going to make our presentations. Do you have any ideas on what to talk about?	プレゼンテーションを作っていきましょう。何について話すか、いい考えはありますか？
S	We would like to talk about our favorite thing.	私たちは自分が好きなことを話したいと思います。
T	What is your favorite thing?	何が好きなのですか？
S	Our favorite thing is ～.	私たちが好きなのは～です。
T	Why don't you talk about it?	それについて話したらどうですか？
S	How can we start our presentation?	どうやってプレゼンテーションを始めたらいいでしょうか？
T	You can introduce yourselves, and talk about what your presentation topic is.	自己紹介をして、プレゼンテーションで何を言おうとしているかについて話せますよ。
S	How can we make the introduction?	どうやって序論を作ったらいいでしょうか？
T	You can use some of the important points and key expressions listed in the handout.	プリントにあるポイントと「重要表現」が使えますよ。

| **T** You can also use the Internet for making a presentation. | プレゼンテーションを作るためにインターネットも使えますよ。 |

T I hope we'll be able to talk about the body of your presentation.	プレゼンテーションの本論について話せるといいですね。
T What do you think about the body?	本論についてどう思いますか？
S We think it is good to explain ～ by showing pictures[graphs].	私たちは写真［表］を示して～を説明するのがいいと思います。
T We also need explanations for them.	それらの説明も必要です。
T How many steps can you explain?	いくつ段階を説明できますか？
S We think we need ～.	～個必要だと思います。
T I suppose you need ～ pictures [graphs] and explanations.	それでは～個の写真［表］と説明が必要ですね。

T Finally, we're going to complete your presentation.	最後に、プレゼンテーションを完成させていきましょう。
T How will you end your presentation?	どのようにプレゼンテーションを終わらせますか？
S We'd like to conclude that ～. / In conclusion, ～.	～ということを結論で言いたいです。／結論では、～。

CHAPTER **3** 応用編

Ⓢ	How can we explain it to the audience?	それを聞いている人にどうやって説明したらいいでしょうか？
Ⓣ	How about summarizing ～?	～を要約したらどうですか？
Ⓢ	Could you give us an idea for our conclusion?	結論のためのアイディアを挙げていただけますか？
Ⓣ	Yes, you can use several important points and key expressions listed in the handout.	ええ、プリントにあるポイントと「重要表現」が使えますよ。
Ⓢ	Could you show us some examples?	いくつか例を示してもらえますか？
Ⓣ	There are some points, such as ～.	～のような点があります。

Hint

４技能５領域を統合した授業で生徒の発話力を伸ばす（その３）
「書く力」と「話す力」を結びつけて発話（発信）力をつける

　英語の発信力には「書く」力と「話す」力がありますが、この２つは別々のものではなく、結びついて初めて力がつきます。特に初心者の場合は、まず言いたいことを英語で書いてまとめ、それを英語で話すと無理なく発話力がついてきます。この練習を地道に積んで初めて、英語を即興で発話することができるようになるでしょう。

　今までの授業では、文法を中心とするリーディングとリスニングの２技能が重点的に指導されてきました。しかし今後は新たに「書く・話す」能力が要求され、４技能が身につくような英語学習が要求されるでしょう。

　これによって、どのように英語教育の現場は変化するのでしょうか。「自分の気持ちや考えを英語で書く・話す」能力を伸ばすための教育改革が、まず行われると推測できます。これは、指導者の方々に「書く・話す」能力を効果的に伸ばすような授業が求められるということです。そして、「書く・話す」といったアウトプット作業ができるようになるためには、一方的に講師が教科書をもとに解説を行う、マニュアルに沿った授業ではなく、生徒が能動的に参加するアクティブ・ラーニングにフォーカスした授業を行う必要があります。

ⓐ プレゼンテーションのテーマと序論を話し合うための授業案 （想定時間：50分）
Class Ideas for Discussing Topic of Presentation (Estimated Time: 50 minutes)

展開 Layout	学習活動 Learning Activity	
①**導入** Introduction 先生は授業内容を説明する 生徒はペアで、何について発表していきたいかを考え、話し合う 🎤ここでは事前に、プレゼンテーションの構成とスピーチとの違いについて説明してください。その際、巻末付録「プレゼンテーションのためのポイントと重要表現」を活用してください。	🔲 **Today we're going to make a presentation.** I'd like you to think about what to talk about in pairs for 15 minutes. (After 15 minutes)	今日はプレゼンテーションを作っていきましょう。何を話すかについてペアで15分間考えてもらいたいと思います。 (15分後)
②**展開** Plot 先生は生徒に質問する 生徒は質問に答え、序論を考えていく 🎤プレゼンテーションには説明しやすい、自分の得意な分野を選ぶとよいでしょう。	🔲 **Do you have any ideas on what to talk about?** How about you, Atsushi and Rikako? Ⓢ1 **We would like to talk about our favorite thing.** 🔲 **What is your favorite thing?** Ⓢ2 **Our favorite thing is** cooking. 🔲 What's your favorite dish? Ⓢ2 We like cooking curry. 🔲 Sounds good! I'm sure that everyone likes curry.	何について話したいか考えはありますか？　アツシとリカコはどうですか？ 自分たちの好きなことについて話したいと思います。 何が好きなのですか？ 私たちは料理が好きなんです。 何の料理が好きなのですか？ カレーを作るのが好きです。 いいですね！　きっとみんなカレーが好きですよね。

| | ⑤2 How can we start our pre-sentation? | どうやってプレゼンテーションを始めたらいいでしょうか？ |
| | T You can introduce your-selves, and talk about what your presentation topic is. | 自己紹介をして、プレゼンテーションで何を言おうとしているかを話すといいですよ。 |

③まとめ Conclusion トピックが決まったら、生徒は序論をまとめて発表する	⑤1 So the introduction of our pre-sentation will be the following: "Good morning. My name is Atsushi Yamamoto."	そうすると私たちのプレゼンテーションの導入は次のようになりますね。 「おはようございます。私の名前はヤマモト・アツシです」
	⑤2 "My name is Rikako Ono."	「私の名前はオノ・リカコです」
⏺先生は時間があれば、他の生徒の考えも聞いてください。	⑤1 "Do you like curry? Today we're going to explain how to cook curry by using some pictures."	「カレーはお好きですか？ 今日は、写真をお見せしながらカレーの作り方について説明します」
⏺先生は、次の授業で本論について話し合うことを生徒に伝え、準備をするよう伝えてください。	T I like this introduction.	この導入いいですね。
	⑤2 Me too.	私もそう思います。

ⓑ プレゼンテーションの本論を話し合うための授業案（想定時間：50分）

Class Ideas for Discussing Body of Presentation (Estimated Time: 50 minutes)

展開 Layout	学習活動 Learning Activity	
①導入 Introduction 先生は授業内容を説明する 生徒はペアで、プレゼテーションの展開を考え、話し合う	T Today we'll talk about the body of your presentation. What do you think should be included in the body? Please think about it in pairs for 20 minutes.	プレゼンテーションの展開の部分について話しましょう。展開の部分に何が含まれているべきだと思いますか？ ペアで20分間考えてください。
⏺ここでも、まず生徒同士で考える時間を与えます。	(After 20 minutes)	(20分後)

②展開 Plot	**1** First of all, I'd like to ask Atsushi and Rikako about their ideas.	まず最初に、アツシとリカコに考えを聞いていきたいと思います。
先生は生徒に質問する		
🔊 前回話した生徒から順に、意見を聞いていきましょう。	**S1** **We think it is good to explain** the process of cooking curry **by showing pictures.**	絵を示してカレー作りの過程を説明するのがいいと思います。
生徒は質問に答え、展開を考えていく	**S2** **We also need explanations for them.**	それらの説明も必要です。
	1 That's right. **How many steps can you describe?**	そうですね。いくつ段階を説明できますか？
	S1 **We think we need** about eleven.	だいたい11個必要だと思います。
🔊 プレゼンテーションでは、どのような視覚的なものを使って説明するかを決めることも大切です。	**1** **I suppose you need** eleven **pictures and explanations.**	11個の写真と説明が必要だと思います。
	(The teacher and student will find the pictures and write the explanations.)	（先生と生徒は写真を見つけて、その説明を書く）
③まとめ Conclusion	**S2** So the body of our presentation will be the following:	そうすると私たちのプレゼンテーションの本論は次のようになりますね。
最後に、生徒は展開で用いる表現を使って、考えたものを発表する	**"Please follow these eleven steps to** cooking curry. **We will use pictures to help us explain.**	「カレーを作るこれらの11段階にならってください。説明する助けとなるよう写真を用います。
	1. Cut the chicken into bite size pieces. Season the chicken with salt and pepper.	１．鶏肉を食べやすい大きさに切って、塩とコショウで味付けをします。
	2. Dice the carrots, onions, and potatoes.	２．ニンジン、タマネギ、ジャガイモを切ります。
	3. Heat the oil in a large pot over medium heat and sauté the onions until they become golden brown.	３．大きな鍋に中火以上で油を熱し、タマネギがキツネ色になるまで炒めます。

4. Add the chicken and cook until the chicken changes color.

5. Add the carrot and mix.

6. Add the water.

7. Bring it to a boil and skim the foam from the surface.

8. Add the potatoes and cook for about 15 minutes, or until the potatoes are tender, then turn off the heat.

9. When the potatoes are ready, put 1-2 blocks of the store-bought curry roux in a ladle and slowly let it dissolve with a spoon or chopsticks.

10. Simmer uncovered on low heat, stirring occasionally, until the curry becomes thick.

11. Serve the curry with Japanese rice on the side.

These are the steps to cooking curry. **As we said at the beginning of our presentation, we think that** many people like curry. **If you review the pictures, you will see that it is easy to** cook delicious curry."

４．鶏肉を加えて、色が変わるまで加熱します。

５．ニンジンを加えて、混ぜ合わせます。

６．水を加えます。

７．それを煮立てて、表面のアクを取ります。

８．ジャガイモを加え、15分程加熱し、ジャガイモが柔らかくなったら火を止めます。

９．ジャガイモに火が通ったら、市販のカレールーを2分の１個おたまに入れ、スプーンかおはしでゆっくりと溶かしていきます。

10．カレーに粘り気が出るまで、時々混ぜながら、ふたをせず弱火で煮ます。

11．ごはんと一緒にカレーを盛り付けます。

これがカレーを作る段階です。プレゼンテーションの冒頭でお話したたように、カレーが好きな人は多いと思います。写真を見直せば、おいしいカレーを作るのは簡単なのがおわかりになるでしょう」

🔔先生は時間があれば、他の生徒の考えも聞いてください。

🔔先生は、次の授業で結論について話し合うことを生徒に伝え、準備をするよう伝えてください。

🅣 Fantastic!

すばらしい！

⑤1 I hope everyone tries cooking curry for themselves sometimes.

みんながいつか自分でカレーを作ろうと思ってくれると嬉しいです。

TRACK 37

展開 Layout	学習活動 Learning Activity	
①導入 Introduction 先生は授業内容を説明する 生徒は、結論の部分を話し合う	🔳 **Finally, we're going to complete your presentation.** Before I ask you about your idea, please talk about it in pairs for 20 minutes.	とうとう、プレゼンテーションも完成ですね。考えを聞く前に、ペアで20分間話し合ってください。
	(After 20 minutes)	(20分後)
②展開 Plot 先生は、初めに聞いた生徒から考えを聞いていく	🔳 Atsushi and Rikako, **how will you end your presentation?**	アツシとリカコ、どうやってプレゼンテーションを終わりにしましょうか？
🔊プレゼンテーションでも、結論は序論で述べたことをもう一度繰り返すようにしましょう。	Ⓢ1 **We'd like to conclude that** cooking curry is easy and fun.	カレー作りは簡単で楽しいことを言って結論づけたいです。
	🔳 I agree with you.	賛成です。
	Ⓢ2 **How can we explain it to the audience?**	どのようにそれを聞いてくれている人に説明できるでしょう？
	🔳 **How about summarizing** the process of cooking curry?	カレー作りの過程を要約したらどうですか？
	Ⓢ2 Sounds good! **Could you give us an idea for our conclusion?**	いいですね！ 結論のためのアイディアを挙げていただけますか？
🔊結論部分にも、いくつかの「重要表現」がありますので、それを示しながら、完成させていってください。	🔳 Yes, **you can use several important points and key expressions listed in the handout.**	はい、プリントにあるポイントと「重要表現」が使えますよ。

CHAPTER ③ 応用編

③**まとめ** Conclusion

生徒は話し合いでま
とめた結論を発表す
る

S1 Thank you. So the conclusion of our presentation will be the following:

"**In conclusion, we'd like to say that** cooking curry may seem difficult, but in fact it is easy and fun. **To prove it, let's review how to** cook curry **again. First**, cut the meat and vegetables. **Second**, fry them. **Third**, add the water and cook until the potatoes are tender. **Finally**, add the curry roux. **Those are the main points of** cooking curry. **So we hope that we have made how to** cook curry **a little more clear. Thank you for listening.**"

ありがとうございます。そう すると私たちのプレゼンテー ションは次のようになります ね。

「結論として、私は、カレー 作りは難しそうに思えるかも しれませんが、実は簡単で楽 しいということを言いたいと 思います。それを証明するた めに、もう一度カレーの作り 方を見直しましょう。最初に、 肉と野菜を切ってください。 二番目に、それらを炒めます。 三番目に、水を加えてジャガ イモが柔らかくなるまで煮ま す。そして、最後にカレーの ルーを加えてください。これ らがカレー作りの主な点で す。今までより少しでもカレ ーの作り方をはっきりさせら れたらいいと思います。ご清 聴ありがとうございました」

先生はここでも、時
間に応じて他の生徒
ともやりとりをして
ください。

T I'm sure that this will be a wonderful conclusion.

これは、すばらしい結論です ね。

S2 Thank you very much. I appreciate your help.

ありがとうございます。ご協 力に感謝しています。

T Does anyone have any questions or comments?

誰か質問やコメントはありま すか？

(Yuri raises her hands.)

（ユリが手を挙げる）

T Thank you, Yuri. Please go ahead.

ありがとう、ユリ。どうぞお 願いします。

S3 Why did you choose the process of cooking curry as your presentation?

なぜプレゼンテーションのテ ーマとしてカレー作りの過程 を選んだのですか？

S1 Because curry is popular among many people.

カレーは多くの人の間で人気 があるからです。

⑤3 That's right.	そうですね。

何人かの生徒とのやりとりの後、生徒に評価表の記入とその発表の準備の指示をする

T Thank you, everyone. Please write your evaluation and prepare for presenting it.	みなさん、ありがとう。評価を書いて発表の準備をしてください。

Hint

英語のパラグラフとその構成（その１）
なぜ英語のパラグラフ構造を知ることが大切なのか

　英語のパラグラフ構造を知ることは、英語を理解する（聞く・読む）ときだけでなく、発信する（書く・話す）ときにとても重要な役割を果たします。この構造を理解することによって、相手にわかりやすく、論理的に伝えることができます。

CHAPTER
3
応用編

Hint

英語のパラグラフとその構成（その２）
英語のパラグラフ構造について

　英語のパラグラフは、次の３つの部分から成り立っています。
1) Topic sentence（トピックセンテンス：主題文）
2) Supporting sentences（サポーティングセンテンス：支持文）
3) Concluding sentence（コンクルーディングセンテンス：結論文）
　まずトピックセンテンスで、１つの段落で言いたいことを述べます。サポーティングセンテンスでは、トピックセンテンスで表した主張や話題を具体的に説明し、理由づけをしていきます。そして、最後のコンクルーディングセンテンスでは、トピックセンテンスで述べたことをもう一度別の表現で言い換えます。
　パラグラフで一番大切なことは、主張に一貫性があることです。１つのパラグラフでは１つの主張をすることで、相手にとってわかりやすくなります。

タスクと評価表
Task and Evaluation Sheet

タスク

　ペアで、次のフォーマットを用いて、関心のあるテーマについてプレゼンテーションができるようにしてください。（　　）には名前を書きます。

(　　): **Do you have any good ideas for our presentation?**

(　　): **I would like to present how to** ＿＿＿＿＿＿＿＿＿ .

(　　): Sounds interesting! **Why don't you talk about it in the introduction?**

(　　): **How about the body?**

(　　): **I think it is good to explain it by showing pictures[graphs].**

(　　): That's a good idea!

(　　): **How many steps can you explain?**

(　　): **I think we need** ＿＿＿＿＿＿＿＿＿ .

(　　): **I suppose you need** ＿＿＿＿ **pictures and explanations.**

(　　): I agree.

(　　): **How can you end your presentation?**

(　　): **I'd like to conclude that** ＿＿＿＿＿＿＿＿＿

＿＿＿＿＿＿＿＿＿＿＿＿＿＿＿＿＿＿＿＿＿＿

＿＿＿＿＿＿＿＿＿＿＿＿＿＿＿＿＿＿＿＿＿＿ .

(　　): Very good!

(　　): **So our presentation will be the following :**

"Good morning / afternoon. My name is ＿＿＿＿ **."**

(　　): **"My name is** ＿＿＿＿＿＿＿＿＿ . s

(   ): "Are you interested in _____?

Today we're going to talk about how to _____

by using pictures.

Our presentation is in the following five steps. We'd like to

explain them by showing pictures[graphs].

1 _____

_____

2 _____

_____

3 _____

_____

4 _____

_____

5 _____

_____

These are the instructions for _____. If you look at

the pictures[graphs], you can better understand how to _____.

In conclusion, we'd like to say that it is very important to _____

_____. We really hope that _____

_____. Thank you for listening."

　生徒は、ペアごとに他のペアの発表を評価し、評価表①〜④のどこを発表するかを相談するようにしてください。

Presentation Evaluation Sheet

Presenters: ＿＿＿＿＿＿＿＿＿　＿＿＿＿＿＿＿＿＿

Theme: ＿＿＿＿＿＿＿＿＿＿＿＿＿＿＿＿＿＿＿

Evaluators: ＿＿＿＿＿＿＿＿＿　＿＿＿＿＿＿＿＿＿

Evaluation Points	Assessment
① Contents Contents of the Presentation	1 Excellent　2 Very Good　3 Good I think that the contents are ＿＿＿＿＿ ＿＿＿＿＿＿＿＿＿＿＿＿＿＿＿ , because ＿＿＿＿＿＿＿＿＿＿ .
② Presentation Skills 1. Pronunciation Fluency 　(Clear Voice, Speed, Pause) 2. Attitude in the Presentation 　(Body Action, Eye Contact) 3. Skill in using visual aids 　(Handout, PowerPoint)	1 Excellent　2 Very Good　3 Good 1 Excellent　2 Very Good　3 Good 1 Excellent　2 Very Good　3 Good I think that the presentation skills are ＿＿＿＿＿＿＿＿＿＿＿＿＿＿＿ , because ＿＿＿＿＿＿＿＿＿＿ .

③ Questions about the presentation

| | 1 Excellent | 2 Very Good | 3 Good |

1 _____

   _____ ?

2 _____

   _____ ?

④ Comments

We highly evaluate _____'s presentation. There are two reasons for

that. First, _____

_____. Second, _____.

Hint

英語のパラグラフとその構成（その3）
パラグラフをよりわかりやすいものにするには

　英語のパラグラフをわかりやすくするには、論理の流れに一貫性があることが重要です。この論理の流れをはっきりと示すために、ディスコースマーカーと呼ばれる表現を使っていきます。ディスコースマーカーには、次のようなものがあります。

1) 自分の考えを示すもの：I think that ... / I don't think that ... / I agree [don't agree] with the opinion that ... / In my opinion, ... / I'm for [against] the opinion that ... など
2) 理由を示すもの：There are two reasons for this. / The reason is that ... / That's because ... など
3) 列挙を示すもの：First(ly) / Second(ly) / Third(ly) / Last(ly) / First of all / Then / Next / Finally など
4) 例示を示すもの：For example / For instance / such as ... など
5) 逆説を示すもの：~, but ... / however ,,, / though ... / Although ... など
　これらのディスコースマーカーを適切に用いることで、パラグラフをより論理的にすることができます。

生徒同士がペアでプレゼンテーションの内容を考え、発表するための活動案 (想定時間：50分)　
Activity Ideas for Presentation (Estimated Time: 50 minutes)

展開　Layout	学習活動　Learning Activity	
①導入　Introduction 先生は活動内容の説明をする 生徒はペアで、教科書の内容に関連したことや、興味があることについて何を発表するかを考えていく	**T** Today we'd like to listen to your presentations. Who's the first pair?	今日はみなさんのプレゼンテーションを聞きたいと思います。最初のペアは誰でしょうか？
	(Katsumi and Motoko raise their hands.)	(カツミとモトコが手を挙げる)
	T Thank you very much, Katsumi and Motoko. Please begin.	どうもありがとう、カツミとモトコ。始めてください。
②展開　Plot 1人の生徒がもう1人の生徒に意見を聞く	**S①** **Do you have any good ideas for our presentation?**	プレゼンテーションのために何かいい考えはある？
	S② **I'd like to present how to** pray at shrines.	神社でどうやってお参りをしたらいいかについて発表したいと思うよ。
❗ペアで協力しながら、序論、本論、結論で話す内容を決めていきます。	**S①** Sounds interesting! **Why don't we talk about it in the introduction?**	おもしろそうだね！　それを序論で話したらどうかな？
	S② **How about the body?**	本論はどうしよう？
	S① **I think it is good to explain** it by showing pictures.	それを、写真を使って説明するといいと思うな。
	S② That's a good idea!	それはいい考えだね！
	S① **How many steps do we need for** praying at shrines?	神社で参拝するにはいくつ段階があるの？
	S② **I think we need** six.	6つ必要だと思うよ。

⑤1 **I suppose we will need six pictures with explanations.**	それでは6つの写真と説明が必要だと思うな。
⑤2 I agree.	賛成だよ。
⑤1 **How can we end our presentation?**	ではどのようにプレゼンテーションを終わらせようか？
⑤2 **I'd like to conclude that it is very important to** know traditional manners and customs.	結論では伝統的なマナーや慣習を知ることが大切であることを言いたいな。
⑤1 Very good!	とてもいいね！

---

③**まとめ** Conclusion

生徒は、ペアで協力してできたプレゼンテーションを発表する

CHAPTER ③ 応用編

⑤2 **So our presentation will be the following:** "Good afternoon. My name is Katsumi Ishii."	そうすると私たちのプレゼンテーションは次のようになりますね。「こんにちは。私の名前はイシイ・カツミです」
⑤1 **"My name is** Motoko Suzuki."	「私の名前はスズキ・モトコです」
⑤2 **"Are you interested in** Japanese manners and customs? **Today we're going to talk about how to** worship at shrines **by using pictures.** 1. Stand in front of the outer shrine and bow slightly. 2. Ring the bell by shaking the rope hanging in front of the outer shrine. 3. Put money in the offering box. 4. Bow deeply twice. 5. With hands in front of the chest, clap twice. Pray for what is wanted. 6. Bow slightly one more time.	「あなたは日本のマナーや慣習に興味がありますか？ 今日は写真を使って、どのように神社でお参りをするかについてお話したいと思います。 1．外宮の前に立って、軽くお辞儀をします。 2．外宮の前に掛かっている綱を振って鈴を鳴らします。 3．お賽銭箱にお金を入れます。 4．2回深くお辞儀をします。 5．手を胸の前に合わせて2度叩き、願いごとを祈ります。 6．もう一度軽くお辞儀をします。

These are the instructions for praying at shrines. **If you look at the pictures, you can better understand how to** pray at shrines.
In conclusion, we'd like to say that it is very important to know our own traditional manners and customs. **We really hope that** you can understand them, and hand them down to the next generation. **Thank you for your attention.**"

これらは神社でお参りをするための説明です。写真を見ていただければ、どのように神社でお参りをしたらよいかがよりよく理解していただけるでしょう。
結論として、私たち自身の伝統的なマナーや慣習を知ることが大切だということを伝えたいと思います。みなさんがそれを理解して、次の世代にも伝えていただけることを心から望んでいます。ご清聴ありがとうございました」

先生は、他の生徒に評価表への記入とその後の質疑応答を指示する

T Thank you very much for your wonderful presentation. I'd like you to exchange questions and answers after writing your evaluation. Please raise your hands if you have any questions.

すばらしいプレゼンテーションをありがとうございました。評価表を書いた後、みんなに質疑応答をしてもらいたいと思います。質問があったら手を挙げてください。

(Naomi raises her hand.)

（ナオミが手を挙げる）

生徒は発表者に質問をし、発表者はそれに答える

S3 Thank you very much for your presentation. Why did you choose the theme?

プレゼンテーション、ありがとうございました。なぜそのテーマを選んだのですか？

T That's a good question. Can you answer the question?

いい質問ですね。質問に答えられますか？

S1 We chose it because it is important for us to know our traditional custom.

私たちは伝統的な慣習を知ることは大切なので選びました。

S3 Thank you. I agree with you.

ありがとうございました。私も賛成です。

T Any other questions?

他に質問はありますか？

96

(Keisuke raises his hand.)		（ケイスケが手を挙げる）
⑭	Have you changed your mind after knowing the custom?	その慣習を知って気持ちに変化はありますか？
🅣	That's also an interesting question, isn't it?	それも面白い質問ですね！
⑫	I've become more interested in Japanese history.	いっそう歴史に興味を持つようになりました。
⑭	Thank you very much. I want to study more Japanese history, too.	ありがとうございました。私も、もっと日本の歴史を勉強したいと思います。
🅣	Thank you, everyone.	みなさん、ありがとうございました。

CHAPTER

③

応用編

Hint

英語のスピーチとその構成（その１）
トピック（主張や論点）を決める

　実際にスピーチ原稿を書き始める前に、まず確認しておきたいことがあります。一番大切なことは、みんなに伝えたいこと、つまり主張や論点が明確になっているかということです。

　的がしぼられた内容でないと、スピーチの展開もメリハリのないぼんやりしたものになってしまいます。自分がもっとも言いたいことをしっかり裏づける理由や根拠・具体的な事実・体験を整理しておきましょう。

　準備が整ったら、スピーチ原稿を書き始めてみましょう。

COLUMN 　留学と英語学習　　　　　　　　　　　　　　　　金子朝子

　海外留学は特別な英語学習環境であり、伝統的な教室という外国語学習の環境にいるよりも豊富な外国語のインプットやインタラクションに触れる機会が豊富にあるので、海外の英語圏に行けば、必然的に英語力が伸びると考えている方も多いかと思います。本当にそうでしょうか。

　たとえば、3か月の海外留学と自国での指導ではどちらが英語力向上に効果があるかを調査した研究を紹介しましょう。Mora & Valls-Ferrer（2012）は、スペイン語を母語とする大学の英語学習者について、海外旅行グループと自国で学んだグループに分けて、その成果を調査しました。その結果、海外旅行グループは、流暢さについては大きな効果がありましたが、文法的な正確さについてはそれほどの効果がなく、アウトプットする言語の複雑さについては全く効果がなかったことを報告しています。大切なのは、留学する前の英語力で、留学による流暢さの伸びの予測において重要な基準になると述べています。誰でも海外で学ぶ環境にいれば、外国語でのコミュニケーション力をつけることができるのではなく、留学前から外国語の運用力を伸ばして、コミュニケーションを図ることができるような基礎力を十分に身につけておくことが大切だと結論づけています。

　また、Du（2013）は、海外留学プログラムで、中国で北京語を学ぶアメリカ人大学生について、興味ある結果を示しています。実は、留学生たちは皆、留学先では中国語だけを話すという誓約をしていました。その結果、思ったように中国語でのコミュニケーションが取れなかった上に、誓約を守ったため中国語を使う機会があまりなかった学生たちに比べて、逆に誓約を破って、中国語と英語の両方で、たくさんの中国語母語話者と英語も交えてコミュニケーションを行った留学生たちのほうが、流暢な中国語のスピーキング力を伸ばしたことを報告しています。つまり、どのくらいの時間中国語を使ったのか、それが中国語の流暢さを発達させた最も重要な要因であったということになります。

　ということは、英語を学ぶ場合でも、同じことが言えるかもしれません。もちろん留学の機会があれば、より有利な環境で過ごすことができるのですが、国内にいても、語彙や文法の知識だけを身につけることで終わるのではなく、実際にどれだけ英語を使ってコミュニケーションを図るかが、英語力を伸ばす鍵となるのではないでしょうか。

Du. (2013). The development of Chinese fluency during study abroad in China. *The Modern Language Journal, 97*(1).

Loewen. (2020). *Introduction to Instructed Second Language Acquisition*, 2nd edition. New York, Routledge.

Mora & Valls-Ferrer. (2012). Oral fluency, accuracy and complexity in formal instruction and study abroad learning contexts. *TESOL Quarterly, 46*(4).

Corrective Feedbackのいろいろ　金子朝子

　教室内での生徒と教師のやり取りについては、多くの研究が行われています。基本的な事項の指導、たとえば、ターゲットとしている文法事項の指導でばかりでなく、コミュニカティブなやり取りの中でも、生徒が応答を間違えている、生徒が伝えようとしていることが理解できない、なかなか答えが出てこない、などの場合に、どのような修正の方法があるのかについて考えてみましょう。

　次の、教師と生徒の Takuya とのやり取りを読んでみましょう。

例1.　🆃 I went to see a spy movie yesterday. It was fun. Takuya, what did do yesterday?

　　　🆂 I read some book.

Takuya は質問の意味は理解していますが、"some books" というべきところを、"some book" と言っています。この続きの対話を読んでみましょう。

例2.　🆃 That's great. How many books did you read?

　　　🆂 I read three books.

　Takuya は、教師が質問で "books" と言っていることに気付いて、"three books" と正しく答えています。2回目のやり取りでは、具体的に複数の数字が "book" の前に付いたので、"book" に "-s" をつけて複数形にしたのかもしれません。このようにルールは理解していても、うっかりと間違える場合は、mistake と考えられますが、もし、誤りに気付かず "I read three book." と答えていたとすれば、きっと error なのかもしれません。

　さて、mistake や error があった場合に、それを修正する方法としては、大きく分けて2つの Corrective Feedback（修正フィードバック）の方法があります。Explicit（明示的）に修正するか、Implicit（暗示的）に修正するかです。それぞれの例をいくつか次に挙げました。上記の例2で Takuya が "I read three book." と答えたと想定して、具体的な教師の発話を比べてみましょう。

1. Explicit Corrective Feedback

　① Not "book" but "books".（明示的修正）

　② The plural form of "book" is "books".（メタ言語学的修正）

2. Implicit Corrective Feedback

　③ Oh, you read three books yesterday.（言い直し）　　④ I read three …?（誘出）

　⑤ What did you say?（明確化の要求）　　⑥ I read three book yesterday?（反復）

　特に③は recast と呼ばれ、コミュニケーションの流れを止めずに修正フィードバックを与えることのできる方法として注目を浴びていますが、このフィードバックを受けた生徒は、教師から修正を受けたと気付かないこともあるという指摘もあります。いずれにしても、生徒がなぜ間違えたのかを教師は常に観察し、それぞれの生徒に適切なフィードバックを与えることで、生徒がそれぞれの gap（自分の言いたいことと言えることの差）に気付いてくれれば、英語力向上に大いに役立つのではないでしょうか。

Lyster & Ranta. (1997). Corrective feedback and learner uptake: Negotiation of form in communicative classrooms. *Studies in Second Language Acquisition 19* / 1.

CHAPTER ③ 応用編

英語のスピーチとその構成（その２）
スピーチの原稿を考え、書く

　文章を構成するには、いくつかの方法があります。ここでは、スピーチ原稿の構成に役立つ技術と方法について紹介します。これは序論・本論・結論から成る３段構成法と呼ばれているもので、スピーチ原稿の作成だけでなく、ディベートなど討議のときの立論原稿の作成にも役立ちます。以下にポイントをまとめます。

〈序論・本論・結論の３段構成法〉

１）序論：Introduction

　序論は、「このスピーチの主題や目的は何か」「どんな問題意識から出発したのか（動機）」「自分が得た結論の要点は何か」を簡潔に紹介します。特に、「結論」をはっきり述べることが大切です。序論は、スピーチ全体の１〜２割の分量で簡潔にまとめるとよいでしょう。

２）本論：Body

　本論は、自分の主張したいこと（結論）に沿った証拠（具体的な根拠や理由）を述べていきます。その際、自分で調べた資料や調査、参考文献、自分の実体験などにきちんと基づいて行うことが大切です。ただし、自分がなぜそうした結論に至ったのかを示す証拠は、だらだらと列挙するのではなく、最も有力な根拠や具体的な理由を２〜３のポイントに絞って述べましょう。本論は、スピーチ全体の７〜８割の分量でしっかり主張しましょう。

３）結論：Conclusion

　結論は、本論Bodyで述べた証拠（有力な根拠や具体的な理由）をもとに、序論で述べた結論を再びはっきりと繰り返します。結論は、スピーチ全体の１〜２割の分量で簡潔・明瞭にします。明確な証拠に支えられた自分の結論を堂々と述べましょう。

　上の文章構成法は、「ものごとを論ずる」ときに欠かせない方法です。スピーチ以外に、プレゼンテーションやディベートでもこの構成法を活用することができます。

第4章 発展編

第4章では、生徒が仲間と協力して、教科書の内容や興味を持ったテーマについて「ディスカション」や「ディベート」ができるようになるための重要表現、それを活用した授業案と活動案をご紹介します。ぜひ2、3年生の年間計画の中でご活用ください。

「ディスカッション」のための
重要表現・授業案・活動案

▶ UNIT 1では、生徒が「ディスカッション」ができるようになるために役立つ重要表現と、それを使った先生と生徒との授業案および、その授業案をもとに生徒同士が協力し、発表する活動案を提案します。

1 重要表現　　　　　　　　　　　　Key Expressions

ⓐ ディスカッションの基礎準備としてペアでトピックについて意見を出し合うとき
Key Expressions to Prepare Discussion: Giving Opinions about Topic in Pairs

TRACK 39

T Today's topic is " 〜 ."	今日のトピックは「〜」です。	
T Do you agree with this?	これに賛成ですか？	
S I agree. / I disagree.	賛成です。／賛成ではありません。	
T Could you explain why?	なぜなのか説明してもらえますか？	
S Can I use the Internet to answer the question?	その質問に答えるためにインターネットを使ってもよいですか？	
S Because 〜.	〜だからです。	
T I'm afraid I don't agree with you.	あなたには賛成できないと思います。	
T I see your point, but 〜.	言いたいことはわかりますが、〜。	
S I think we should discuss it again.	もう一度話し合ったほうがいいと思います。	

TRACK 40

🇹	Today we're going to discuss the topic in groups.	今日はグループでトピックについて話し合いたいと思います。
Ⓢ	In my opinion, ～.	私の意見は、～です。
Ⓢ	Because it is important to ～.	～するのが大切だからです。
Ⓢ	I couldn't agree more. / I think so, too.	まったく賛成です。／私もそう思います。
Ⓢ	You have a point there, but I believe ～.	言おうとしていることはわかりますが、～と思います。
🇹	Could you explain it in more detail?	もっと詳しく説明してもらえますか？
Ⓢ	I think it's necessary for A to ～.	Aが～するのは必要だと思います。

Hint

英語のスピーチとその構成（その3）
スピーチをする際に留意すること

　最後に、スピーチをするときに特に気を付けてほしいことをまとめます。
1）発表内容をできる限り具体化し、主張の根拠を明らかにする。
2）聴く立場になって、発表内容の構成を工夫する。
3）原稿を読むのではなく、アイコンタクトを取りながら発表する。
4）発表場面や会場にあった声の出し方をする。
　これらは、スピーチをする際の留意点ですが、同時にスピーチの評価基準でもあります。スピーチをする場合も、聴衆の1人として聴く場合も、常に意識しておきましょう。

CHAPTER
4
発展編

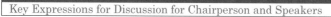

ⓒ 司会者と発言者に分かれてディスカッションをするとき

Key Expressions for Discussion for Chairperson and Speakers

TRACK 41

| 司会者 | Chairperson |

T S Now let's start our discussion. Today's topic is "〜." ...（人名）, could you tell us your proposal first? | それではディスカションを始めましょう。 今日のトピックは「〜」です。 …（人名）、最初に提言をしてくれますか？

T S Could you tell us why? | なぜだか言ってもらえますか？

T S Does anyone have any comments on that? | それについて何かコメントはありますか？

T S Are there any other ideas on that? | それについて何か他に考えはありますか？

T S ...（人名）, you seem to have some objection on that point. | …（人名）、その点について反対のようですね。

T S Time is up. Let me summarize what we've discussed today. | 時間です。今日話し合ったことをまとめさせてください。

| 発言者 | Speaker |

S I think S should 〜. | Sは〜すべきだと思います。

S That's exactly what I was thinking. | それはまさしく私が思っていたことです。

S I'm afraid I can't agree on that point. My point is that 〜. | その点については賛成しかねます。私の意見は〜ということです。

S I'm in favor of ...（人名）'s opinion. | …（人名）の意見に賛成です。

S It's difficult to say which. | どちらとも言い難いです。

S What I really want to say is that 〜. | 本当に言いたいのは〜ということです。

② 授業案　　　　　　　　　　　　　　　Class Ideas

ⓐ ディスカッションの基礎準備としてペアでトピックについて意見を出し合う授業案 (想定時間：50分)

Class Ideas to Prepare Discussion: Giving Opinions about Topic in Pairs (Estimated Time: 50 minutes)

展開　Layout	学習活動　Learning Activity	
①**導入**　Introduction 🕮先生は活動内容の説明をします。巻末付録「ディスカッションのためのポイントと重要表現」を活用してください。 　生徒はペアで、ディスカッションのトピックについて話し合う 🕮ディスカッションの基礎準備として、先生と生徒がトピックについて意見を出し合う練習をします。トピックは教科書に関連したものや、生徒たちが興味を持っているものにするとよいでしょう。	**T** **Today's topic is** "Should high school students be allowed to have a part-time job?" First of all I'd like you to discuss it in pairs for 20 minutes. (After 20 minutes)	今日のトピックは「高校生はアルバイトをしてもよいか？」ですね。まず、ペアで20分間話し合ってもらいます。 （20分後）
②**展開**　Plot 先生は生徒に意見を聞く 生徒はペアで話し合った意見を発表する	**T** Keita, **do you agree with** this? Ⓢ**1** **I disagree.** **T** Why? Ⓢ**1** **Because** students should focus on studying. **T** **How about you,** Yuri?	ケイタ、あなたは賛成ですか？ 私は賛成ではありません。 なぜですか？ 生徒は勉強に集中すべきだからです。 ユリはどうですか？

CHAPTER **4** 発展編

105

前に学習した「重要表現」などを復習し、積極的に使ってください。

(S2) **I agree.**

私は賛成です。

Ⓣ Could you explain why?

なぜなのか説明していただけますか？

(S2) **Because** a part-time job provides a good work experience for high school students.

アルバイトは高校生にとってよい仕事の経験を与えるからです。

Ⓣ How about you, Miku?

ミクはどうですか？

(S3) **I'm afraid I don't agree with you.** Students won't have enough time to study if they have a part-time job.

私は賛成しかねます。もしアルバイトをすれば、勉強する時間が十分に持てなくなります。

Ⓣ I see your point, but I believe they need some job experience for the future.

言いたいことはわかりますが、将来のために仕事の経験は必要だと思います。

③**まとめ** Conclusion

この基礎的な練習により、トピックについての考えがまとまります。先生は、時間の許す限り他の生徒とも話し合いを続けてください。また、次の授業の内容を伝え、準備をするよう伝えてください。

(S3) **I think we should discuss it further.**

もっと話し合うべきだと思います。

Ⓣ I think so, too.

賛成です。

展開 Layout	学習活動 Learning Activity	

①導入 Introduction
先生は授業内容を説明する

T Today we're going to discuss the topic in groups.

今日は「高校生はアルバイトをしてもよいか？」というトピックについて、グループで話し合います。

---

②展開 Plot
先生は生徒に意見を聞く

T Which group wants to start?

どのグループが最初にやってくれますか？

(Emiko raises her hand.)

（エミコが手を挙げる）

生徒はグループで発表をする

S1 **My opinion is** that students shouldn't do a part-time job.

私の考えでは、生徒はアルバイトをするべきではないよ。

S2 **Could you explain why?**

なぜだか説明してもらえる？

S1 **Because it is more important to** study.

勉強のほうがもっと大切だからだよ。

S3 **I couldn't agree more.**

まったく同感だよ。

S4 **You have a point there, but I believe** students need to have a part-time job.

言おうとしていることはわかるけれど、生徒がアルバイトをすることは必要だと思うよ。

S2 **Could you explain in it more detail?**

もっと詳しく説明してもらえる？

S4 **I think it's necessary for** them **to** gain work experience.

仕事を経験する必要があると思うからだよ。

❗各グループの発表に先生も加わっていただくと、生徒の話し合いがよりスムーズに進みます。

T I think so, too.

私もそう思います。

CHAPTER 4 発展編

👤先生は時間があれば他のグループにも発表させます。これは、生徒たちが自由に自分の意見を出し合う練習になります。この練習によって、他の人の意見をきちんと聞けるようになるでしょう。	(S2) **Do you think it is not good to** cut down on study time?	勉強するための時間が削られるのがよくないと思いますか？
	🚹 **I don't think so.**	そうは思いません。
	(S2) I think having a part-time job has good and bad points.	私はアルバイトにはよい点と悪い点があると思います。
	(S4) **I agree with you.**	私も賛成です。
③**まとめ** Conclusion 👤先生は、次の授業内容について伝えます。その際、日本語を用いて、グループ間で発表の順番などを決めておくと授業がスムーズに進むでしょう。	🚹 Your discussions are excellent. Now I'll explain about the next class in Japanese.	みんなのディスカッションはすばらしいです。では次の授業について日本語で説明をします。

ⓒ 司会者と発言者に分かれてディスカッションをする授業案 (想定時間：50分)
Class Ideas for Discussion for Chairperson and Speakers (Estimated Time: 50 minutes)

展開 Layout	学習活動 Learning Activity	
①**導入** Introduction 先生は授業内容を説明する 最初に指された生徒はトピックについて提言をする	🚹(Chairperson) **Now let's start our discussion. Today's topic is** "Should high school students be allowed to have a part-time job?" Moe, **could you tell us your proposal first?**	ではディスカッションを始めましょう。今日のトピックは「高校生はアルバイトをしてもよいか？」です。モエ、最初に提言を言ってくれますか？
	(S1) **I think** high school students **should** be allowed to have a part-time job.	私は、高校生はアルバイトをしてもよいと思います。
	🚹 Could you tell us why?	なぜだか言ってくれますか？

❶ディスカッションでは、前もって役割を決め、「重要表現」を参照しながら発言内容を考えておくことが大切です。	Ⓢ1 **Because** they need a chance to gain work experience for their future.	将来のために働く機会が得られるからです。
	🖵 **Does anyone have any comments on that? How about you**, Yuki?	誰かそれについて何か意見はありますか？　ユキはどうですか？
	Ⓢ2 **That's exactly what I was thinking.**	私もまったくそう思っていました。

②**展開** Plot

先生は他の生徒に質問をしていく

指された生徒は意見を発言する

	🖵 **Are there any other ideas on that? What is your opinion**, Satoru?	それについて何か他の考えはありますか？　サトル、あなたの意見は？
❶先生は司会者になり、参加者全員が公平に意見を言えるようにしていく模範を示してください。	Ⓢ3 **I'm afraid I can't agree on that point. My opinion is that** for high school students, studying is the most important thing to focus on.	それについては賛成しかねます。私の意見は、高校生にとって勉強をすることが集中すべき最も大切なことです。
	🖵 **What do you think**, Kaito?	カイトはどう思いますか？
	Ⓢ4 **I'm in favor of** Satoru's opinion.	私はサトルの意見に賛成です。
❶発言者は、他の人の意見を尊重しながら、自分の意見を率直に言えるようにしてください。	🖵 Naomi, **you seem to have some objection on that point**.	ナオミ、その点については反対のようですね。
	Ⓢ5 **It's difficult to say which. What I really want to say is that** having a part-time job can teach students that studying and working are both important.	どちらかとは言いがたいです。本当に言いたいことは、アルバイトをすることが、生徒たちに勉強することと働くことが両方とも大切だと教えてくれるということです。

CHAPTER ④ 発展編

③**まとめ** Conclusion

👤先生は生徒に、ディスカッションで出た意見をまとめさせます。また、時間があれば、他のグループにも発表をさせてください。

🔲 **Time is up.** Naomi, **could you summarize what we've discussed today?**

時間になりました。ナオミ、今日話し合ったことをまとめてくれますか?

⑤5 Yes, I think having a part-time job and studying are both very important for high school students, so they should keep a good balance between the two things.

はい。アルバイトをすることと勉強をすることは高校生にとって両方とも大切なので、2つのバランスをとるべきだと思います。

🔲 Thank you for your great participation.

熱心に参加してくれてありがとうございました。

> *Hint*
>
> ### 英語のプレゼンテーションとその構成（その１）
> ### 目的を明確にする
>
> 　プレゼンテーションで最も大切なことは、「目的を明確にする」ことです。これは、言い換えると「何のためにプレゼンテーションするのか？」を考えることになります。「何を、いつ、どこで、誰に、どのように、なぜ伝えるのか？」という点をよく考えましょう。たとえば、「学校紹介のプレゼンテーション」をする場合も、目的が違えば、提供する情報・話し方・作成する資料だけでなく、結論の「何を伝えたいのか」というところまで変わってきます。まずは、何のためにプレゼンをするのか、目的を明確にすることが大切です。

タスク — Task

　グループで、次の基本フォーマットを用いて興味を持った内容についてのディスカッションの発話例を考え、発表できるようにしてください。（　　）には名前を書きます。

(　　　　　　　)(Chairperson)： **Now let's start our discussion. Today's topic is "_____."**

_____, could you tell us your proposal first?

(　　　)： **I think _____.**

(　　　)： **Could you tell us why?**

(　　　)： **Because _____.**

(　　　)： **Does anyone have any comments on that? How about you _____?**

(　　　)： **That's exactly what I was thinking.**

(　　　)： **Are there any other ideas on that? What is your opinion, _____?**

(　　　)： **I'm afraid I can't agree on that point. My opinion is that _____.**

(　　　)： **What do you think, _____?**

(　　　)： **I'm in favor of _____'s opinion.**

(　　　)： **Why do you think so?**

(　　　)： **Because _____.**

CHAPTER ④ 発展編

(　　). ＿＿＿＿＿＿＿＿, you seem to have some objection on that point.

(　　): ＿＿＿＿＿＿＿＿＿＿＿＿＿＿＿＿＿＿＿＿＿＿.

(　　): It's difficult to say which is better. What I really want to say is that ＿＿＿＿＿＿＿＿＿＿＿＿＿＿＿＿

＿＿＿＿＿＿＿＿＿＿＿＿＿＿＿＿＿＿＿＿＿＿

＿＿＿＿＿＿＿＿＿＿＿＿＿＿＿＿＿＿＿＿＿＿

(　　): Time is up. ＿＿＿＿＿＿＿＿, could you summarize what we've discussed today?

＿＿＿＿＿＿＿＿＿＿＿＿＿＿＿＿＿＿＿＿＿＿

＿＿＿＿＿＿＿＿＿＿＿＿＿＿＿＿＿＿＿＿＿"

生徒は1人で評価表を作成し、コメントを発表できるようにしてください。

Discussion Evaluation Sheet

Presenters: _____ _____

_____ _____

_____

Topic: _____

Evaluator: _____

Name	発言数	内容	姿勢
	1 Excellent 2 Very Good 3 Good	1 Excellent 2 Very Good 3 Good	1 Excellent 2 Very Good 3 Good
	1 Excellent 2 Very Good 3 Good	1 Excellent 2 Very Good 3 Good	1 Excellent 2 Very Good 3 Good
	1 Excellent 2 Very Good 3 Good	1 Excellent 2 Very Good 3 Good	1 Excellent 2 Very Good 3 Good
	1 Excellent 2 Very Good 3 Good	1 Excellent 2 Very Good 3 Good	1 Excellent 2 Very Good 3 Good
	1 Excellent 2 Very Good 3 Good	1 Excellent 2 Very Good 3 Good	1 Excellent 2 Very Good 3 Good

Comments

① For the groups

I think that _____'s group discussion is _____

because _____.

② In my opinion, _____.

CHAPTER 4 発展編

113

生徒がグループで役割を決め、ディスカッションをするための活動案 （想定時間：50分）
Activity Ideas for Discussion in Groups (Estimated Time: 50 minutes)

展開 Layout	学習活動 Learning Activity	
①導入 Introduction 先生が活動内容を説明する 生徒はグループで役割を決め、興味のあるテーマについてのディスカッションを発表していく	**T** Today I'd like to listen to your discussions. Who's going to present first?	今日はみなさんのディスカッションを聞かせてもらいたいと思います。最初にやってくれるのは誰ですか？
	(Yayoi, Hikaru, Satoshi, Kaoru, and Ran raise their hands.)	（ヤヨイ、ヒカル、サトシ、カオル、そしてランが手を挙げる）
	T Okay. Please come to the front seats, and start your discussion.	わかりました。前の席に来て、ディスカッションを始めてください。
②展開 Plot 司会者はテーマを言い、最初の発言を求める	**S1(Chairperson)** **Now let's start our discussion. Today's topic is** "Students shouldn't go to cram or preparatory schools." Hikaru, **could you tell us your proposal first?**	ではディスカッションを始めましょう。今日のトピックは「生徒は塾や予備校に行くべきではない」です。ヒカル、最初に提言をしてくれますか？
1人目の生徒は自分の意見を述べる	**S2** **I think** students shouldn't go to cram or preparatory schools.	私は、生徒は塾や予備校に行くべきではないと思います。
司会者は理由を聞いていきます。	**S1** **Could you tell us why?**	なぜだか言ってもらえますか？
聞かれた生徒は自分の考える理由を述べていきます。	**S2** **Because** they should focus on studying at school.	生徒は学校の勉強に集中すべきだからです。
司会者は他の生徒にコメントを求めます。	**S1** **Does anyone have any comments on that? How about you,** Kaoru?	誰かそれについて何かコメントはありませんか？　カオルはどうですか？
	S3 **That's exactly what I was thinking.**	それはまさしく私が考えていたことです。

⚠司会者は、参加者が みな平等に意見を言 えるようにしましょ う。	(S1) **Are there any other ideas on that? What is your opinion**, Satoshi?	それについて何か他に意見は ありませんか？　サトシ、あ なたの意見は？
⚠発言する生徒も、相 手の意見を尊重しな がら自分の意見を言 いましょう。	(S4) **I'm afraid I can't agree on that point. My opinion is that** cram or preparatory schools help us to study when we can't keep up with learning at school.	私はそれに賛成できません。 私の意見は、塾や予備校は学 校の勉強についていけないと き、手助けしてくれるという ことです。
	(S1) **What do you think**, Ran?	ラン、あなはたどう思います か？
	(S5) **I'm in favor of** Satoshi**'s opinion**.	私はサトシの意見に賛成です。
	(S1) **Why do you think so?**	なぜそう思うのですか？
	(S5) **Because** when we have problems with our studies, we can ask the teachers at cram or preparatory schools more easily.	勉強で問題が起きたとき、塾 や予備校ではもっと楽な気持 ちで先生に質問できるからで す。
	(S1) Kaoru, **you seem to have some objection on that point**.	カオル、その点について反対 のようですね。
	(S3) **It's difficult to say which is better. What I really want to say is that** we should each be able to choose our best way to learn.	どちらとも言いがたいです。 私が本当に言いたいことは、 1人1人が自分に一番合った 学び方を選べるべきだという ことです。

---

③**まとめ** Conclusion

最後に司会者が話し
合いの内容をまとめ
る

(S1) **Time is up.** Kaoru, **could you summarize what we've discussed today?**

時間になりました。カオル、
今日話し合ったことをまとめ
てくれますか？

(S3) Yes. It depends upon our personal choice whether we go to cram or preparatory schools or not.

はい。塾や予備校に行くかどうかは、自分の選択次第ということです。

先生はいくつかの発表の後、他の生徒に評価表への記入と、コメントを発表するように指示する

T Thank you for your great discussion. Everyone, please write and express your comments.

すばらしいディスカッションをありがとうございました。みなさん、コメントを書いて発表してください。

Hint

英語のプレゼンテーションとその構成（その2）
3つのパートで構成する

　英語のプレゼンは、「序論」「本論」「結論」の3つのパートで構成することで、相手に伝えたいことがしっかりと伝えられます。伝えたいことを聞き手にしっかりと伝えるためにも、この3つの構成に沿ってプレゼンを組み立てていきましょう。

1）序論：Introduction
　　聞き手の関心を集められるかが決まる序論は、プレゼンの構成の中でとても重要なパートです。序論では、以下3点を押さえておきましょう。
　　　①聞き手の注意を引く（挨拶・自己紹介など）
　　　②これから何について話すのか、プレゼンのテーマと目的を伝える
　　　③プレゼンの概要（本論で説明するメインポイント）を述べる

2）本論：Body
　　序論で述べたメインポイントを、さまざまな根拠や理由を用いて詳しく説明していくのが本論です。本論は、以下の点を考慮して構成すると、より説得力のある内容になります。
　　　①値段や割合・時間・距離といった数字や統計のデータ、または数字で表すことのできないようなものは、実例を挙げて根拠の信頼性を高める。
　　　②転換語や転換フレーズをうまく使い、メインポイントを順序に沿ってわかりやすく説明する。

3）結論：Conclusion
　　結論では本論の説明を要約し、「結局何を言いたかったのか」ということを改めて述べます。
　　　①序論でも触れた概要を繰り返して、プレゼンをまとめる。
　　　②全体を通して聞き手に強調したいことを伝える。
　　　③プレゼンを聞いてもらったことのお礼を言う。

英語のプレゼンテーションとその構成（その3）
プレゼンテーションの留意点

プレゼンテーションを実際に行う際には、次の点に留意してください。

1）声をフル活用しよう

　英語のプレゼンで有効に活用したいのが「声」です。話すスピードや声の大きさに気をつける、ということは言うまでもありません。さらに、声をうまく使って変化や抑揚を持たせれば、聞き手に「ここは大事！」と強調することができます。

2）非言語コミュニケーションで説得力を高めよう

　言葉と同じくらいのメッセージ性を発揮する「非言語コミュニケーション」（言葉以外の手段によるコミュニケーション）は、英語のプレゼンでとても重要視されます。

3）ビジュアルエイドをうまく活用して内容を補足しよう

　「ビジュアルエイド」とは、図やグラフ・写真など、話の内容をわかりやすくするために用いる資料です。言葉で表現しきれないことを一瞬でカバーできるので、英語でのプレゼンが不安な方は特に、ビジュアルエイドをうまく活用することをお勧めします。

「ディベート」のための
重要表現・授業案・活動案

▶ UNIT 2では、生徒が「ディベート」ができるようになるために役立つ重要表現と、それを使った先生と生徒との授業案および、その授業案をもとに生徒同士が協力し、発表する活動案を提案します。

1 重要表現 　　　　　　　　　　　Key Expressions

ⓐ ディベートのテーマについてペアで話し合うとき
Key Expressions for Discussing Debate Topic

TRACK
46

T	Our debate theme is "～."	私たちのディベートのテーマは「～」です。
T	Do you agree with this opinion?	この意見に賛成ですか？
S	Can I use the Internet to think about the topics?	そのトピックについて考えるためにインターネットを使ってもよいですか？
S	Personally I (don't) agree, but there seem to be good and bad points.	個人的には賛成です（ではありません）が、よい点と悪い点があると思います。
T	Let's consider both points.	両方の点を考えましょう。
T	What is a good point? / What is a bad point?	よい点は何ですか？／悪い点は何ですか？
S	I think it is good for ～. / I think it is bad for ～ not to ….	～にとってよいと思います。／～が…しないのは悪いと思います。
T	How about the other good[bad] points?	その他のよい[悪い]点はどうですか？
S	I found it very difficult to decide which is correct.	どちらが正しいのかを判断するのはとても難しいことがわかりました。

ⓑ ディベートのテーマについてグループで模擬ディベートをするとき

Key Expressions for Practicing Debate

Ⓢ I think ~ because	…なので~だと思います。
Ⓢ You said ~, but	~と言いましたが、…。
Ⓢ In my opinion, it is more important to ~.	私の意見では、~するのはもっと大切です。
Ⓢ That may be true, but ~.	それは確かかもしれませんが、~。
Ⓢ Could you give us some examples?	いくつか理由を示してもらえますか?

ⓒ グループ同士でディベートを行うとき

Key Expressions for Debate in Groups

司会者　Chairperson

Ⓣ Ⓢ Let's start a debate on the proposition that ~.	~という論題についてのディベートを始めましょう。
Ⓣ Ⓢ Let's start with the Affirmative's opening statement.	最初に肯定側の主張から始めましょう。
Ⓣ Ⓢ Next, we'll hear the Negative's constructive speech.	次に、否定側の立論を聞きましょう。
Ⓣ Ⓢ OK, time is up.	わかりました。時間です。
Ⓣ Ⓢ Now, we'll hear the rebuttal speech by the Negative team.	では、否定側の反論を聞きましょう。
Ⓣ Ⓢ Next, let's listen to the rebuttal speech by the Affirmative team.	次に、肯定側の反論を聞きましょう。
Ⓣ Ⓢ We have come to the final stage.	最後の段階に来ました。

CHAPTER

4

発展編

| **T S** Could you summarize your arguments? | 論点を要約してくださいますか？ |
| **T S** We've finished today's sessions. | 今日のセッションを終えます。 |

肯定側　Affirmative Side

S We, on the Affirmative team, believe that ～.	私たち、肯定側のチームでは、～と思います。
S Our first[second] point is that ～.	第1［2］の点は～ということです。
S We admit that ～, but	～ということを認めますが、…。
S We're for the proposition because ～.	私たちは～なのでその論題に賛成です。
S We think that ... should ～.	私たちは、…は～すべきだと思います。

反対側　Negative Side

S We, on the Negative side, don't think ～.	私たち、否定側では、～と思いません。
S It is true ～, but	～なのは確かですが、…。
S Don't you think that ～?	～と思いませんか？
S We cannot agree with the pro group's opinions.	肯定グループの意見には賛成できません。
S We oppose the position that ～.	～という立場には反対です。

ⓐ ディベートのテーマについてペアで話し合うための授業案（想定時間：50分）
Class Ideas for Discussing Debate Topic (Estimated Time: 50 minutes)

展開　Layout	学習活動　Learning Activity	

①導入　Introduction

🕮 巻末付録「ディベートのためのポイントと重要表現」を活用し、ディベートについてよく説明してください。

T **Our debate theme is** "High schools should prohibit students from bringing smart phones or cell phones to school." Please discuss it in pairs for 20 minutes.

ディベートのテーマは「高校は生徒がスマートフォンや携帯電話を学校に持ってくるのを禁止すべき」です。20分間ペアで話し合ってください。

ディベートのテーマについてペアで話し合った後、先生と生徒が意見を出し合う

🕮 テーマは教科書の内容と関連したものや、生徒たちにとって関心のあるものがよいでしょう。

(After 20 minutes)

(20分後)

②展開　Plot

先生は生徒に質問をする

🕮 生徒には使う表現をあらかじめ示しておきます。

🕮 質問はなるべく具体的な考えが言えるものにしましょう。

T **Yuta, do you agree with this opinion?**

ユウタ、この意見に賛成ですか？

S **Personally I don't agree, but there seems to be good and bad points.**

個人的には賛成ではありませんが、よい点も悪い点もあるように思えます。

T That's true. **Let's consider both points.**

そうですね。両方の点を考えましょう。

S Sounds good!

いいですね！

T **What is a good point?**

よい点は何ですか？

S **I think it is good for** communication.

コミュニケーションをとるのにとても便利だと思います。

CHAPTER **4** 発展編

🆃	**What is a bad point?**	悪い点は何ですか？
🆂	**I think it is bad for** students **because** they won't be able to focus on their studies by having their phones.	電話で生徒が勉強に集中できなくなると思うのです。
🆃	I agree with you. **Anything else?**	賛成です。他に何かありますか？
🆂	**I don't think** phones are always used correctly.	電話は常に正しく使われているとは限らないと思います。
🆃	That's important. **How about the other good points?**	それは大切ですね。他のよい点はどうですか？
🆂	**They are helpful in case of** emergencies.	緊急事態には役立ちます。
🆃	I see. Smart phones can give us information in our hands.	なるほど。スマートフォンによって情報を手に入れられますね。

- - - - - - - - - - - - - - - - - - - -

③まとめ Conclusion

生徒は話し合いの感想を伝える

先生は時間が許す限り、他の生徒とも話し合う

🔔先生は生徒に、次の授業までにグループを作り、「ディベートのための重要表現」を使って、ディベートの練習をするよう伝えてください。

🆂	**I find it very difficult to decide which is correct.**	どちらが正しいかを判断するのが難しいのがわかりました。
🆃	I agree.	私もです。

TRACK 50

展開 Layout	学習活動 Learning Activity	
①導入 Introduction 先生はディベートのテーマと自分の意見を発表する。その後、生徒に加わり、ディベートのテーマについて模擬練習を進める	▮ Today I'd like you to discuss the debate topic. **I think** high school students should be prohibited from bringing phones to school **because** they can't focus on studying.	今日はディベートのトピックについて話し合ってもらいたいと思います。私は、高校生は勉強に集中できなくなるので学校に電話を持ってくるのを禁止されるべきだと思っています。
②展開 Plot 生徒はグループで、トピックについて模擬ディベートをしていく	⑤1 Ms. Kaneko, **you said** they can't focus on studying, **but** phones are helpful for communication.	カネコ先生、生徒が勉強に集中できないとおっしゃいますが、電話はコミュニケーションに役立ちます。
	⑤2 **In my opinion, it is more important to** study hard.	私の考えでは、一所懸命に勉強をするほうが大切だよ。
	⑤3 **That may be true, but I don't think** it is a good idea to prohibit phones.	それは正しいかもしれないけれど、電話を禁止するのはいい考えとは思えないよ。
	⑤2 **I don't agree with** you **because** studying is very important.	勉強はとても大切だから、私はあなたたちには賛成できないな。
	⑤1 **Any other reasons?**	何か他に理由はある？
	⑤2 **I think** phones are too expensive.	電話は高すぎると思うよ。
❗先生はあくまでも調整役として、生徒同士が賛否を自由に言えるようにしてください。	▮ That's true.	そうですね。
	⑤3 **That may be true, but** being able to communicate is also important for students.	それは確かかもしれないけれど、生徒にとってコミュニケーションができることも大切だよ。

CHAPTER
4
発展編

123

⑤2 **Could you give us some examples?**　いくつか例を挙げてくれる？

⑤3 Students can keep in touch with their friends.　友達とつながっていられるよ。

⑤1 Smart phones also help students get information quickly.　スマートフォンは生徒にすぐに情報をもたらしてもくれるね。

❗ディベートでは、特に相手の意見を受けて、自分の意見を表すことが大切です。

⑤2 **I don't agree with** you. **I think it is more important to** study **than to** keep in touch with others at school.　反対だよ。学校では、他の人たちと連絡を取り合っていることより勉強のほうが大切だと思うな。

- -

③**まとめ** Conclusion

❗先生はディベートを結論づけます。また、時間があれば他のグループとも練習をしてください。

🔲 **In my opinion, we should** discuss it further.　私の意見では、私たちはもっと話し合うべきですね。

⑤3 I agree.　賛成です。

❗先生は生徒に、次の授業までにグループ同士でディベートの練習をするよう伝えてください。

ⓒ グループ同士でディベートを行うための授業案 （想定時間：50分）

Class Ideas for Debate in Groups (Estimated Time: 50 minutes)

TRACK 51

展開 Layout	学習活動 Learning Activity	
①導入 Introduction 先生は活動内容を説明する 生徒は役割を決めて、グループ同士によるディベートを行う ⚫生徒たちは、グループごとにテーマについての立場と発言内容を決めておきましょう。	**T (Chairperson)** **Let's start a debate on the proposition that** "High schools should prohibit students from bringing smart phones or cell phones to school." **Let's start with the Affirmative opening statement.**	「高校は生徒がスマートフォンや携帯電話を学校に持ってくるのを禁止すべき」という論題についてディベートを始めましょう。肯定側の最初の主張から始めましょう。
②展開 Plot 肯定側のグループが意見を発表する	**Group A** **We, on the Affirmative team, believe that** high schools should prohibit students from bringing phones to school. **Our first point is that** they are not good for studying. **Our second point is that** they cause a lot of problems among students.	私たち、肯定側では、高校は生徒が電話を持ってくるのを禁止すべきだと思っています。第一の点は電話が勉強によくないことです。第二の点はそれらが生徒間にたくさんの問題を起こすことです。
先生は司会者になり、グループ同士の発言がうまくいくように進行させる大切さを示す	**T** Thank you. **Next, we'll hear the Negative constructive speech.**	ありがとうございました。次に、否定側の立論を聞きましょう。
否定側のグループが意見を発表する	**Group B** **We, on the Negative team, don't think that** high schools should prohibit students from bringing phones to school. **First**, they are very useful for communication. **Second**, they give students access to a lot of knowledge.	私たち、否定側では、高校は生徒が学校に電話を持ってくるのを禁止すべきではないと思っています。最初に、電話はコミュニケーションに役立ちます。二番目に、それらは生徒にたくさんの知識をもたらします。

CHAPTER

4

発展編

125

③発展 Development

先生は、肯定側と否定側のグループそれぞれに反論を発表させる

T **OK, time is up. Now, we'll hear the rebuttal speech by the negative team.**

わかりました、時間です。では、否定側の反論を聞きましょう。

否定側のグループは反論を発表する

(Group B) **It is true that** studying is very important, but communication is more important. **Don't you think that** this proposition doesn't trust students**?**

確かに勉強はとても大切ですが、コミュニケーションはもっと重要です。この論題は生徒を信じていないと思いませんか？

T Thank you. **Next, let's listen to the rebuttal speech by the Affirmative team.**

ありがとうございました。次に、肯定側の反論を聞いてみましょう。

肯定側のグループは反論を発表する

(Group A) **We admit that** communication is very important, **but** studying hard is much more important.

私たちはコミュニケーションがとても大切だということを認めていますが、一所懸命に勉強をすることはよりいっそう大切です。

T **OK, time is up. We have come to the final stage. Could you summarize your arguments?**

わかりました、時間です。最後の段階になりました。議論をまとめてもらえますか？

(Group B) Thank you very much. **We cannot agree with the pro group's opinions. We oppose the position that** the school can decide what students can and cannot have.

どうもありがとうございました。私たちは肯定側の主張には賛成できません。学校が、生徒が持っていいものといけないものを決められるという立場には反対です。

(Group A) Thank you. **We're for the proposition because** these technological tools cause many problems. **We think that** schools **should** prohibit students from bringing phones to school.

ありがとうございました。私たちは論題を支持します、なぜならばこれらの科学技術の道具はたくさんの問題を起こすからです。学校は生徒が電話を学校に持ってくるのを禁止すべきだと思います。

先生は時間があれば、他のグループにも発表させてください。

T Thank you very much. **We've finished today's session.**

どうもありがとうございました。今日のセッションを終えます。

Hint

英語のディスカッションとその進め方（その1）
英語のディスカッションとは

　ディスカッションは参加者が意見や情報の交換をしたり、問題を解決したりする協力型の議論の形態です。日常生活でも、会社の会議やサークルのミーティングなどで常に行われています。ディスカッションで大切なことは、次の2点です。

1）論点を明確にすること
2）役割を明確にすること

「論点を明確にすること」とは、話題やトピックに一貫性を持たせるという意味です。たとえば、新しい大学入試について話し合うときに、急に数学や漢字の検定試験のことなどに触れていくと、議論が散漫になり、得られるものが少ないディスカッションになってしまいます。

「役割」とは、司会者と参加者の役割のことです。ディスカッションでは司会や議長と呼ばれる人を置き、その人の議事進行に従って意見交換を行います。司会の役割は非常に重要です。同じ論題でも、議事進行1つで、ディスカッションの面白さはまったく変わります。また、参加者全員の協力がなければ、司会がいくらがんばっても、そのディスカッションはつまらないものになってしまいます。司会・議長と参加者の役割については、その2（p. 129）、その3（p. 135）で触れたいと思います。

CHAPTER
4
発展編

タスクと評価表
Task and Evaluation Sheet

タスク   Task

　グループ同士で、次の基本フォーマットを参考に、関心を持ったテーマについてのディベートを考えて、発表できるようにしてください。

Chairperson: **Let's start a debate on the proposition that "** _____

_____ **." Let's start with the Affirmative opening statement.**

Affirmative Side: **We, on the Affirmative team, believe that** _____

_____ .

  Our first point is that _____ .

  Our second point is that _____ .

Chairperson: **Thank you. Next, we'll hear the Negative constructive**

  speech.

Negative Side: **We, on the Negative team, don't believe that** _____

_____ .

  First, _____ .

  Second, _____ .

Chairperson: **OK, time is up. Now, we'll hear the rebuttal speech by**

  the negative team.

Negative Side: **It is true that** _____ ,

  but _____ .

Chairperson: **Thank you. Next, let's listen to the rebuttal speech by**

  the Affirmative team.

Affirmative Side: **We admit that** _____ ,

   but _____ .

Chairperson: **OK, time is up. We have come to the final stage. Could**

   you summarize your arguments?

Negative Side: **Thank you very much. We cannot agree with the pro**

   group's opinions. We oppose the position that _____

_____ .

Affirmative Side: **Thank you. We're for the position because** _____ .

_____ .

We think that _____ .

Chairperson: **Thank you very much. We've finished today's session.**

Hint

英語のディスカッションとその進め方（その２）
司会者の役割

　ディスカッションは、司会者によって議論が進められます。つまり司会者次第で、その議論が実りあるものになるかどうかが決まるといっても過言ではありません。司会者の役割には、以下の３つがあります。
１）論点を明確にして議事を進める。
２）参加者への敬意を忘れずに、平等に発言の機会を与える。
３）場面に応じた適切な質問をする。
　１）は、司会者の最も重要な役割です。その１（p. 127）でも触れたように、ディスカッションでは論点を明確にすることが大切です。そして、その役割を担うのが司会者です。司会者は、すべての発言や質問を受け付けてはいけません。現在の論点に沿うもののみを取り入れるようにしてください。
　２）もとても重要です。参加者の個性や英語力はさまざまです。司会者は個々の参加者を尊重して、全体に目を配り、参加者に平等に発言の機会を与える必要があります。
　最後の３）は、「司会者の質問によって議論が活性化するかどうかが決まる」ということです。議論が混乱したときや意見が出ないときは、現在の論点を踏まえた質問をすれば、再び議論は活性化します。また、自分の意見をまとめられない人には、簡単な質問をすることで議論に参加してもらえます。

CHAPTER **4** 発展編

生徒は 1 人で評価し、コメントを発表できるようにしてください。

Debate Evaluation Sheet

Presenters: _____

Affirmative Side: _____

Negative Side: _____

Topic: _____

Evaluator: _____

	Affirmative Side	Negative Side
◆最初のプレゼンテーションに対する評価	1 Excellent 2 Very Good 3 Good	1 Excellent 2 Very Good 3 Good
1. 聞き手に配慮した話し方ができている。	1 Excellent 2 Very Good 3 Good	1 Excellent 2 Very Good 3 Good
2. 資料や図表やデータを的確に使用している。	1 Excellent 2 Very Good 3 Good	1 Excellent 2 Very Good 3 Good
3. 現状をきちんと把握し、具体的に示している。	1 Excellent 2 Very Good 3 Good	1 Excellent 2 Very Good 3 Good
◆質疑応答に対する評価	1 Excellent 2 Very Good 3 Good	1 Excellent 2 Very Good 3 Good
4. 簡潔で鋭い質問・応答を行っている。	1 Excellent 2 Very Good 3 Good	1 Excellent 2 Very Good 3 Good
5. 相手の長短所を的確に捉えた質問をしている。	1 Excellent 2 Very Good 3 Good	1 Excellent 2 Very Good 3 Good

6. 質問に対して、論理的に反論・応答をしている。	1 Excellent 2 Very Good 3 Good	1 Excellent 2 Very Good 3 Good
7. 一部が突出せずにチームワークをなしている。	1 Excellent 2 Very Good 3 Good	1 Excellent 2 Very Good 3 Good
8. 自分のチームの優位さを説得的に訴えている。	1 Excellent 2 Very Good 3 Good	1 Excellent 2 Very Good 3 Good

Comments

① The Strong and Weak Points of the Affirmative Side. Give two examples.

The first example is _____

_____ .

The second example is _____

_____ .

② The Strong and Weak Points of the Negative Side. Give two examples.

The first example is _____

_____ .

The second example is _____

_____ .

Your judgement

I think that the _____ side is winner for the two reasons.

The first reason is that _____ .

The second reason is that _____ .

CHAPTER 4 発展編

生徒がグループ同士で、ディベートをするための活動案 （想定時間：50分）
Activity Ideas for Debate in Groups (Estimated Time: 50 minutes)

TRACK 52

展開 Layout	学習活動 Learning Activity	
①**導入** Introduction 先生は活動の内容について説明をする 生徒はグループ同士で考えたテーマについて肯定、否定に分かれディベートをする	**T** Today I'd like to hear your debates. Which group will be first? (The two groups raise their hands.) **T** Thank you very much. Everyone, please listen to their debate and write your evaluation. The chairperson is Aya.	今日は、みなさんのディベートを聞きたいと思います。どのグループが最初にやってくれますか？ （2つのグループが手を挙げる） どうもありがとう。みなさん、ディベートを聞いて評価を書いてください。司会はアヤです。
②**展開** Plot 司会者はディベートのテーマを述べ、肯定側に最初の主張を求める	(Chairperson) **Let's start a debate on the proposition that** "Smoking should be prohibited in all public spaces." **Let's start with the affirmative opening statement.**	では「喫煙はすべての公共の場で禁止されるべきだ」という論題についてディベートを始めましょう。肯定側の最初の主張から始めましょう。
肯定側のグループの生徒は、テーマについての主張と肯定する理由を述べる	(Group A) **We, on the affirmative team, believe that** smoking should be prohibited in all public spaces. **Our first point is that** smoking is really bad for our health. **Our second point is that** it brings harm, not only to those who smoke, but to those who are around it.	私たち、肯定側では、喫煙はすべての公共の場で禁止されるべきだと思っています。第1の点は、喫煙は健康に本当によくないことです。第2の点は、それがタバコを吸う人だけでなく、その周りにいる人にも害を及ぼすことです。
次に司会者は否定側に最初の主張を求める	(Chairperson) **Thank you. Next, we'll hear the negative constructive speech.**	ありがとうございました。次に、否定側の立論を聞きましょう。

否定側のグループの生徒は、テーマについての主張と否定する理由を述べる	**(Group B)** We, on the negative team, don't believe that smoking should be prohibited in all public spaces. **First**, it is alright to smoke if there are separate smoking spaces. **Second**, it is important to respect the rights of those who choose to smoke.	私たち、否定側では、喫煙はすべての公共の場で禁止されるべきでないと思っています。第1に、分煙場所があれば喫煙には問題ありません。第2に、吸うことを選ぶ人の権利を尊重するのが大切だからです。

---

③発展 Development

司会者は否定側のグループから反論を聞く	**(Chairperson)** OK, time is up. Now, we'll hear the rebuttal speech by the negative team.	わかりました、時間です。では、否定側の反論を聞きましょう。
否定側のグループは反論を発表する	**(Group B)** **It is true that** smoking isn't healthy, but it is more important to respect the rights of everyone.	確かに喫煙は健康的ではありませんが、すべての人の権利を尊重するのはもっと大切なことです。
司会者は次に肯定側のグループから反論を聞く	**(Chairperson)** Thank you. Next, let's listen to the rebuttal speech by the affirmative team.	ありがとうございました。次に、肯定側の反論を聞いてみましょう。
肯定側のグループは、肯定側の意見を踏まえた反論を述べる	**(Group A)** **We admit that** respecting people's rights is very important, **but** nothing is more important than health.	権利を尊重することはとても大切なのは認めますが、健康ほど大切なものはありません。

---

④まとめ Conclusion

司会者は肯定側と否定側のグループそれぞれから、最後の主張を聞く	**(Chairperson)** OK, time is up. We have come to the final stage. Could you summarize your arguments?	わかりました、時間です。最後の段階になりました。議論をまとめてもらえますか？

CHAPTER **4** 発展編

否定側のグループの生徒は、これまでの肯定側の意見を踏まえて最後の主張をする	**(Group B)** **Thank you very much. We do not agree with the pro group's opinions. We oppose the position that** people can tell others what they can or can't do to their own health.	どうもありがとうございました。私たちは肯定側の主張には賛成しません。人々が他人に、自身の健康に対してしてよいことやいけないことを言えるという立場には反対です。
肯定側のグループの生徒は、これまでの否定側の意見を踏まえて最後の主張をする	**(Group A)** **Thank you. We're for the position because** keeping good health is more valuable than anything else. **We think that** if smoking is prohibited in all public spaces, those who smoke cannot harm someone else's health.	ありがとうございました。私たちは論題を支持します、なぜならば健康を維持することは他の何よりも価値のあることだからです。もしすべての公共の場で喫煙が禁止されれば、吸う人が他の人の健康を害することはあり得ません。
司会者がディベートを終わらせる	**(Chairperson)** **Thank you very much. We've finished today's session.**	どうもありがとうございました。今日のセッションを終えます。
先生は他の生徒に対して評価とコメントをするように指示する	**T** Thank you very much. Everyone, please write your evaluation, and make your comments.	どうもありがとうございました。みなさん、評価を書いて、コメントをしてください。

英語のディスカッションとその進め方 (その3)
参加者の役割

　ディスカッションにおいて、司会者の役割がとても大きいのは確かです。しかし、何といっても参加者が積極的に議論に参加しない限り、その議論は実りの少ないものになってしまいます。参加者にぜひ留意してほしいのが、次の3点です。

1) 現在の論点は何か、常に意識する

　司会だけではなく参加者も、現在の論点は何か、常に意識する必要があります。そうでないと司会がいくらがんばっても、英語のプレゼンテーションとその構成について (その1) (p. 127) の例で示したように、あっという間に本来の議題とはまったく関係のない話に変わり、ディスカッションというよりも雑談になってしまいます。

2) 発言の種類を意識する

　発言する場合、自分の発言が「賛成意見」「反対意見」「情報提供」「質問」のいずれなのかを意識すると、発言の際に頭が整理できて発言しやすくなります。発言を聞く場合も同じです。

3) 発言は相手に敬意を払い、その人格に対してではなく、意見に対して行う

　議論にやたらと感情を持ち込む人がいます。しかし、議論は本来感情を持ち込むものではありません。「反対意見」も「質問」も、お互いの意見に向けられるものであるとの自覚を持ってください。そうすれば感情的になることも、相手を感情的にさせてしまうこともなくなります。そして、議論が別れるときには「どちらの意見にも一理ある」と自覚してください。

英語のディベートとその進め方 (その1)

　ディベートとは、「ある論題について肯定側と否定側に分かれ、一定のルールの下に議論をするゲーム」です。ディベートは、論理的な思考力やコミュニケーション能力を身につけていくための有効なトレーニングになります。また英語力の向上にも非常に有効です。ディベートのポイントは以下の3点です。

1) ディベートは「議論をするゲーム」なので、まず議論の構造を知ってください。議論の基本的な構造は単純で、「主張」とそれを支える「根拠」からできています。そして、それに「証拠」が伴えば根拠は強くなります。

2) ディベートでは、1つの命題について5〜6人のグループを作り、肯定側と否定側に分かれます。

3) ディベートは「主張 (=立論)」「質問」「反論」という3つの部分から成り立っています。そして、最後に審判が判定を下します。

CHAPTER
4
発展編

英語のディベートとその進め方（その２）

ディベートは、次の４つの部分から成り立っています。
１）主張（＝立論）
　自分たちの主張が正しいことを、根拠を示して述べます。
２）質問
　相手の立論を聞いて、わからなかったところを確認するために質問します。
相手の主張の矛盾点を突いたりもします。
３）反論（反駁^{はんばく}）
　相手の主張に対して反論します。また、相手の反論に対して、自分たちの主
張を守ります。
４）判定
　最後に中立の立場の審判が、肯定側と否定側のどちらが勝ったか判定を下し
ます。ディベートでは相手をやりこめるのではなく、審判を説得することが目
標となります。

巻末付録

1. スピーチのためのポイントと重要表現

（1）英語のスピーチを準備する7のポイント

① テーマは1つに決める

　観客に一番伝えたいメッセージを考え、なるべく短いスピーチになるように工夫してください。長くて10分程度でしょう。

② 「3のルール」、それはスピーチの強力な武器

　テーマが決まったら、スピーチ自体を大きく「序論」「本論」「結論」の3つに分けます。さらに、「本論」を3つのポイントに分けます。たとえば、テーマが「自己紹介」だと、スピーチを「過去の自分」「現在の自分」「将来の自分」に分けることができます（他にも「出身」「仕事」「趣味」などに分けるのもよいです）。話の流れに一番適した分け方を考えましょう。

③ 観客が誰なのかを確かめる

　観客を考えることで、どのようにスピーチをすればよいかが見えてきます。知らない人が多ければ、会場を一回りして観察することをお勧めします。

④ 動機を明確にする

　観客の期待に応えるのがよいスピーチの基本です。「自己アピール」「モチベーションを上げる」「疑問に答える」「忠告する」などあります。このスピーチによって観客にどんな影響を与えたいのかを考えます。

⑤ 逸話を考える

　最初の一言が「つかみ」になるので、テーマに関連した「観察したこと」「情報」「質問」「出来事」「思い出」「名言」などがよいでしょう。できれば観客と接することが可能な icebreaker（場をなごやかにするもの）をお勧めします。そこで笑いが起きればプラス効果です。これによって自分の緊張も解せる上、聞き手もテーマのヒントを得ることができ、聞く体制に入れます。

⑥ スピーチを書く

　言葉は目に見えないものなので、一度形にすることで頭の中の整理ができます。そして練習するときに暗記しやすくなります。

⑦ スピーチしている自分をイメージする

　スポーツ選手のように、スピーチしている自分のイメージトレーニングをします。振る舞い、声、ジェスチャー、目線を思い浮かべながらスピーチを考え、そして頭の中で練習をするのです。次に、知人の前で実践してみましょう。

（2）英語のスピーチに使えるオープニングの例

　次の①～⑤の構造を使いましょう。

① 挨拶の前に

I just found out that 〜.　　　　　　　　〜ということをたった今知りました。

Did you know that 〜?　　　　　　　　　　〜をご存知でしたか？

I noticed earlier that 〜.　　　　　　　　先ほど、〜に気づきました。

You know, when I was little, I used to 〜.　私が幼いころ、〜しました。

② 挨拶・自己紹介をする

Good evening Ladies and Gentlemen, my name is 〜.
　　みなさまこんばんは。〜と申します。

Hi everyone! For those (of you) who don't know me, I'm 〜.
　　やぁみんな！　私のことを知らない人のために自己紹介します。私は〜です。

Hello! Thank you for giving me this chance / opportunity. I'm 〜.
　　こんにちは！　この機会をいただきありがとうございます。私は〜です。

③ テーマを言う

Today, I'd like to tell you about / talk to you about 〜.
　　今日は、〜について話したいと思います。

My speech today is about 〜.
　　私の本日のスピーチは〜がテーマです。

④ スピーチの3つのポイントを伝える

I have three points to cover. First 〜, then 〜, finally 〜.
　　本日は3つポイントがあります。1つ目は〜、2つ目は〜、そして最後に〜です。

Today's event is about three things: A, B, C and fun!
　　本日のイベントの目的は3つあります。A、B、C、そして楽しい時間です！

I just have three (things / stories) to tell you today, that's all. The first (thing / story) is about 〜, the second one is about 〜, and the last one is about 〜.
　　本日はたったの3つのことをお話ししたいと思います。1つ目は〜、2つ目は〜、最後は〜です。

⑤ 本題に入る

I will begin[start] with 〜. / So, first let me tell you about 〜.
　　〜から始めたいと思います。

(3) 英語のスピーチのメッセージがより伝わるフレーズの例

① 次のポイントに移る

My next point[story] is about 〜.
　　次のポイントは〜についてです。

The next thing I want to talk about[tell you / explain] is 〜.
　　次にお話ししたいのは〜です。

This brings me to my last point.
　　ここから最後の点になります。

One more thing I'd like to say[add] is ～!
　　もう１つお伝えしたいのは～！

Finally, I'd like to point out that ～!
　　最後に、１つ言いたいのは～ということです！

② 人の興味を質問で引く

Today is one of the happiest days of my life.（Why?）Simply because ～.
　　本日は私にとって人生で最高の日です。（なぜか？）なぜなら～。

Do you know how ～?
　　どのように～かをご存知ですか？

There is a very simple reason why ～. It's because ～.
　　～にはとてもわかりやすい理由があります。それは～。

Have you ever asked yourself ～?
　　～を疑問に思ったことはありますか？

③ 理由・事実を述べながらメッセージを強調していく

（Eating out every day is bad for your health）. **Not only that,** (it becomes very pricey).
　　（毎日外食するのは健康によくありません）。それだけではなく、（お金がかかります）。

（Exercising regularly has three benefits）. **First,** (it helps you increase your metabolism). **In addition[On top of that / Moreover]** (you can sleep better). **Most of all[Above all]** (you feel much happier).
　　（運動すると３つの効果が得られます）。１つ目は、（代謝が上がります）。さらに、（よく眠れます）。何よりも、（喜びを感じます）。」

④ 対照・対比に使うフレーズ

～. However, ...	～。しかしながら、…。
～. In contrast, ...	～。対照的に、…。
～. Nevertheless, ...	～。にも関わらず、…。
Although / Though ～, ...	～だけれども、…。
On one hand, ～. On the other, ...	一方は～。もう一方は…。

（4）英語のスピーチに使えるクロージングの例

To finish, I'd like to say a special thanks to ～.
　　終わりに、～に特別な感謝の気持ちを送りたいと思います。

And now, I'll hand it over to the MC. Thank you!
　　では、MCにマイクを受け渡したいと思います。ありがとうございました！

//2. プレゼンテーションのためのポイントと重要表現

(1) オープニングパート———————————————————

　オープニングは聞き手の注意をひきつけ、自分のプレゼンのリズム・雰囲気を作り、プレゼンの目的を明確に伝える重要なパートです。挨拶も目的も告げずに、いきなり内容に入るようなプレゼンは避けましょう。聞き手によい印象を与え、プレゼン全体にスムーズな理解を持ってもらう下準備をします。

　オープニングパートでは4つの要素が必要です。

① **出席者に対して挨拶する**
② **目的を伝える**
③ **プレゼンの概要を説明する**
④ **質疑応答について説明する**

　オープニングをしっかり説明し、特に目的を明確にすることで、出席者に理解を促すことができます。では順にフレーズをご紹介します。

① **出席者に対して挨拶する**

　Good morning everyone. My name is Taro Yamada and I am ~.
　　みなさまおはようございます。私の名前はヤマダ・タロウです。私は~です。

　Thank you for attending this presentation. My name is Hiroshi Tanaka and I am responsible for ~.
　　みなさま本日はお越しいただきありがとうございます。私の名前はタナカ・ヒロシです。私は~を担当しております。

② **目的を伝える**

　Today, I would like to talk to you about ~.
　　本日は、~に関して説明したいと思います。

③ **プレゼンの概要を説明する**

　There are three things I'd like to cover today. First, I will talk about ~. Then I will explain ~. Finally, I will describe ~.
　　プレゼンテーションは3部に構成されております。まず~についてお話しします。次に~について、最後に~についてご説明します。

※プレゼンの概要には、どのくらい時間がかかるかも説明しましょう。

　This presentation will take about one hour.
　　プレゼンテーションは1時間くらいかかります。

④ 質疑応答の時間について説明する

We'll have a Q&A session at the end of the presentation.
プレゼンテーションがひととおり終わってから質疑応答を行います。

If you have questions, please do not hesitate to ask.
ご質問があれば、遠慮なくお尋ねください。

(2) 内容パート

　オープニングで何か質問が出ない限り、いよいよ内容パート、つまりプレゼンテーションが始まります。連結フレーズを用いると、聞き手がプレゼンテーションの流れを把握しやすくなる上、明確な印象を与えます。

① 連結フレーズ

I'd like to start by looking at ～.	まず最初に～について説明します。
Next, I'd like to talk about ～.	次に、～についてお話します。
Let's move on to ～.	～に移りましょう。

(3) 結論パート

　プレゼンテーションを最後によい印象で締めくくるために、4つのフレーズを順に説明します。

① プレゼンテーションの最後を告げる

We are coming to the end of today's presentation.
本日のプレゼンテーションの最後になります。

② ポイントの概要を伝える

I'm now going to give a brief summary of what we have covered.
本日の要点をお伝えします。

③ 結論を述べる

In conclusion, ～.　　　　　　　　結論は、～。

④ 締めの言葉と質疑応答

Thank you once again for taking the time to join today's presentation.
本日はプレゼンテーションにご参加いただきありがとうございました。

Are there any questions?　　　　　質問はございますか？

3. ディスカッションのためのポイントと重要表現

(1) ディスカッション（Discussion）とは

　問題解決を目指し、複数で主題について話し合う活動です。自分の意見を述べるだけではなく、相手の意見を聞いて正確に理解することが大切です。自分がその相手の意見に対し、賛成なのか反対なのかを理由を添えて伝えます。

(2) 一般的なディスカッションの手順

　①主題の設定 ⇒ ②問題点の確認 ⇒ ③解決策の準備 ⇒ ④解決策の決定

(3) ディスカッションの進行

① ディスカッションを始める

Let's open[start] our discussion.	ディスカッションを始めましょう。
Today's topic is 〜.	今日のトピックは〜です。
We have 〜 minutes to discuss it.	話し合いの時間は〜分です。
Who wants to start?	誰から始めますか？

Do you have any opinions[ideas] you can share with us?
　みなさんと共有したい意見［考え］はありますか？

（名前）, could you tell us your proposal first?
　（名前）さん、まず提案をしていただけますか？

What do you think about 〜?	〜についてどう思いますか？
Do you think 〜 is a good idea?	〜はよい考えだと思いますか？

② 意見や説明を求める

Does anyone have any comments on that?
　　　　　　　　　　　　　この点に関し、どなたかご意見はございませんか？

Are there any other ideas on 〜?	〜に関して他にご意見はありませんか？
How does that sound to you?	これについてはいかがですか？
How do you feel about 〜?	〜についてどう思いますか？

（名前）, do you have anything to add on this topic?
　（名前）さん、この件について何か付け加えることはありませんか？

Does anyone else have anything to add to what（名前）just said?
　（名前）さんの発言に何か付け加えたい方はいませんか？

Let's hear what（名前）has to say on that.
　では、この点について（名前）さんのご意見もうかがいましょう。

（名前）, you seem to have some objection on this point ....
　（名前）さん、この点に関しては異議があるようですが…。

（名前）, would[could] you explain why?

（名前）さん、その理由を説明していただけませんか？

Would[Could] you tell us briefly?　　　　　かいつまんでお話しいただけますか？

Does anyone have anything further to say on this issue?

この点についてさらに話してくれる方はいますか？

We need to hear from everyone.

みなさん全員のご意見をうかがいたいと思います。

What's your opinion of this problem?

この問題に対するあなたのご意見はどうですか？

（名前）, would you explain why?

（名前）さん、その理由を説明していただけませんか？

Could you please explain what "..." is?

「…」とは何か説明していただけますか？

Will you explain it in more detail?

それについてもっと詳しく説明してくれませんか？

Could you tell us more about your proposal?

提案についてもっと私たちに話してくれませんか？

③　意見を述べる

I'd like to propose that ～.　　　　　～ということを提案します。

I think that ～ is a good idea because .... /

I have three reasons. First,…. Second,…. Third,….

私は～はよい考えだと思います。なぜなら…だからです。／

理由は3つあります。1つ目は…です。2つ目は…です。3つ目は…です。

I don't think that ～ is a good thing.　　　～はよいことだと思いません。

I think[believe] that ～.　　　　　～だと思います［信じています］。

My opinion is that ～.　　　　　私の意見は～です。

In my opinion, ～.　　　　　私の意見では、～です。

I'm sure ～.　　　　　きっと～だと思います。

④　賛成する・同意する

I agree with you. / I couldn't agree more. / I quite agree.　　　賛成です。

I'm for that[your opinion].　　　　　それ［あなたの意見］に賛成です。

You are right.　　　　　そのとおりです。

I'm in favor of your idea. / I like your idea.　　　あなたの意見が気に入りました。

That's a good idea[suggestion / plan etc.].　　　よい考えだと思います。

I support your idea.　　　　　あなたの意見を支持します。

I completely agree with you.　　　　　あなたの意見に全面的に賛成です。

That's exactly what I was thinking.　　　それはまさに私が思っていたことです。

| That is my idea, too. | それは私の考えでもあります。 |
| There's no doubt about it. | 疑いの余地はありません。 |

⑤ 反対する・異議を唱える

I'm afraid I don't agree.	賛成ではありません。
I'm not sure I can agree with you.	賛成できかねます。
I'm afraid I have a different opinion.	私は違う意見です。
I'm afraid I can't agree on that point.	その点については賛成できません。
I'm afraid I cannot agree with you.	残念ながらあなたの意見には賛成しかねます。
I'm against your opinion.	あなたの意見に反対です。
I'm against that because ～.	私は反対です、といいますのは～。
That may be true but ～.	それは本当かもしれませんが～。

I've got a different point of view on this.
私はこの件に関しては別の見方を持っています。

That's an interesting point, but I don't agree.
それは参考になるご意見ですが、私は反対です。

| Your opinion doesn't sound logical. | あなたの意見は論理的に思えません。 |

⑥ ある程度は賛成するが…

I agree in some respects, but ～.	いくつかの点では賛成ですが～。
I agree to some extent, but ～.	ある程度は同意しますが～。
I see your point, but ～.	あなたの言っていることはわかりますが～。
That may be so, but ～.	確かにそうかもしれませんが～。

I respect your opinion, but I think ～.
あなたの意見は尊重しますが、私は～と思います。

I understand what you are saying, but I think ～.
あなたの言っていることはわかりますが、私は～と思います。

⑦ 質問があるとき

Excuse me, can[may] I ask you a question?
すみません、質問していいですか？

| I have a question. | 質問があります。 |

⑧ 聞き取れなかったとき

| What's that? | 何とおっしゃいましたか？ |
| Could you say that again? | もう一度おっしゃってくれませんか？ |

I'm sorry, but I couldn't hear what you said.
残念ながら、あなたの言ったことが聞き取れませんでした。

Excuse me, but I can't hear you. Would you please speak more loudly?
すみませんが、聞こえません。もっと大きな声で話してくれませんか？

| Did you say that ～? | ～と言いましたか？ |

⑨　相手の言っていることの意味がわからなかったとき

I'm sorry that I couldn't understand what you said.
　　すみません、あなたの言ったことがわかりませんでした。

Would you please explain in other words?
　　他の言葉で説明してくださいませんか？

What do you mean by ～?　　　　～とはどういう意味ですか？
Are you saying ～?　　　　　　　～ということを言っているのですか？
Do you mean that ～?　　　　　～と言いたいのですか？

⑩　確認されて答えるとき

What I said is ～.　　　　　　　　　私が言ったのは～です。
What I'm trying to say is ～.　　　私が言おうとしていたのは～です。
What I really wanted to say is ～.　私が言いたかったことは～です。

⑪　賛成・反対どちらとも言えない

It's difficult to say which is better.　どちらとも言えません。

⑫　中断への謝罪

Sorry to interrupt.　　　　　　　　中断してすみません。
I'm sorry to butt in.　　　　　　　割り込んでごめんなさい。

⑬　話題を変えるとき

Is it OK to change the topic? / Would you mind if I change the topic?
　　話題を変えてもいいですか？

⑭　最初に述べた点に戻る

Going[Coming / Getting] back to my earlier point, ～.
I'd just like to go / come back to my earlier point, ～.
　　私が前に話した点に戻ると、～。

⑮　確認する

You think ～, don't you?　　　　あなたは～と思っているのですね？
Could you please clarify your position for me?
　　あなたの立場を明確にしていただけませんか？

Am I right in thinking that ～?　～と考えてよろしいですか？
You mean ～, am I right?　　　　あなたの言いたいことは、～ということですか？

⑯　意見に感謝する

Thank you for mentioning that.
　　それについて言ってくださりありがとうございます。

Thank you for letting us know about that.
　　その点を知らせてくださりありがとうございます。

That's a good point.　　　　　　　　それはよいご意見ですね。
I appreciate your contributions.　　あなたのご尽力に感謝いたします。

⑰ その他

So do you agree with the idea that ~?
ならば~という考えに同意しますか？

May I have your attention, please ?　　　お静かに願います。

Are there any questions ?　　　　　　　他にご質問はございませんか？

Could you give me an example?　　　　　例を示していただけませんか？

⑱ ディスカッションを終える

Now, let's decide which is the best idea.
どれが一番よい考えか決定しましょう。

Time is up.　　　　　　　　　　　　　時間切れです。

We can keep talking on and on, but we need to wrap this up.
まだまだ議論はできますが、ここでまとめなければなりません。

OK, so what is the consensus of our group?
わかりました、私たちのグループの総意（コンセンサス）はどのようなものですか？

It looks like we'll have to agree to disagree on this topic.
意見の不一致を認めざるを得ないように思えます。

Let's close our discussion for today.
今日のディスカッションは終わりにしましょう。

┌─ つなぎ言葉・覚えておきたい言い回し ──────────────

＊一般的に言えば

　➡ **On the whole, ~ / In general, ~ / Generally speaking, ~**

＊私の知る限りでは

　As far as I know, ~ / To the best of my knowledge, ~

＊引用する

　Judging from ...（名詞的内容）, A is ~.　…から判断すれば、Aは~です。

　According to ...（名詞的内容）, A is ~.　…によると、Aは~です。

＊要約する

　To summarize my argument, ~.　　　私の主張を要約すると~。

　So, what you are saying is that ~.　　それでは、あなたの言いたいことは~。

　Now to summarize what's been said, ~.
　　それでは今まで言われてきたことを要約すると、~。

　Let me summarize what we've discussed today.
　　今日議論したことを要約させてください。

＊ゆえに

　➡ **Therefore, ~ / That's why ~ / For these reasons, ~**

//4. ディベートのためのポイントと重要表現

(1) ディベートとは──────────

　ディベートはある一つの論題に対し、2つのチーム（肯定側・否定側）に分かれて、自分たちの意見を述べ合い、最後にどちらの意見がより説得力があったかを第三者が判定するものです。

(2) ディベートの用語──────────

〈論題〉

　ディベートで話し合う内容のこと。（例：夏より冬がよい。道州制を導入すべし。）

〈肯定側〉

　論題に賛成であるという立場。

〈否定側〉

　論題に反対であるという立場。

〈アドバンテージ（Advantage）〉

　よい点。論題に書いてあることを行ったときに得られる利益のこと。

〈ディスアドバンテージ（Disadvantage）〉

　悪い点。不利益。論題に書いてあることを行ったときに生じる悪い点・不利益のこと。

| 注意！ | アドバンテージとディスアドバンテージは相手チームにわかりやすく示しましょう。

〈立論〉

　論題に対する自分たちの主張の基本的な考えを、2つの論点（意見のポイント）で示す。

　肯定側は、現状の問題点、問題解決の具体的方法（プラン）、利点＝メリットを述べる。

　否定側は、現状の意義、肯定側プラン実施の困難、欠点＝デメリットを述べる。

〈質疑応答〉

　立論の後に、立論ではっきりしなかったことを相手側が質問する。原則的には、「はい／いいえ」で答えさせる。返答が長い場合は質問側が制止してよい。反論の材料を得るために立論の内容を明確にすることが目的で、意見を述べてはいけない。

〈反論（反駁）〉

　相手の2つの論点について、証拠資料を使いながら反論していく。ここで相手の意見に的確に反論することが、勝敗の結果につながる。

〈まとめ〉

　立論から相互討論の中で、どんな議論が行われたかを審判に対してまとめる。自分た

ちの有利な点や相手の弱点を具体的に示して、審判に確認させる。相手の反論を意識しながら、立論の内容をより深めることが目的で、新しい主張を持ち出してはならない。

（3）ディベートの例

ディベートは、①あらかじめ設定された論題（Proposition）を用い、②肯定側（Affirmative Side）、否定側（Negative Side）の両者の立場に分かれ、③一定のスピーチ時間、順番が決められて行われます。

ここで例を示しながら、ディベートはどのようなものかを説明しましょう。

（論題） 学校は携帯電話の使用を認めるべきである。

肯定側立論：「今の時代、携帯電話は誰もが持っています。その使用を許可しないのはおかしいです。学校は携帯電話の使用を認めるべきです」

否定側立論：「携帯電話を学校で使用するようになると、授業中にも携帯電話が鳴る可能性があり、授業の妨害にもなります。○○新聞社の調査によると、授業中に携帯電話が鳴り、迷惑をかけたことがあると答えた生徒の割合は72％と出ています。このように、マナーも知らない学生に携帯電話を持ってこさせるのは、無理があります。よって、学校へは携帯電話を持ってくるべきではありません」

否定側反論：「誰もが持っていると言いましたが、携帯電話のマナーが悪いことは新聞等でも大きく報道されています。特に学生のマナーの悪さは、みなさんもご承知のとおりだと思います」

肯定側反論：「携帯電話はとても便利です。持っているととても役に立ちます」

以上のディベートを読んで、どちらのチームが優勢だと思いますか？　その理由を書いてみてください。

優勢なのは**〈否定側〉**です。その理由は次のとおりです。
① 否定側は肯定側に比べると、客観的なデータを用いており、携帯電話を持つことへのマイナス面を指摘している。
② 否定側は肯定側の立論に対して、的確に反論している。しかし、肯定側は否定側の発言に対して何も反論しておらず、議論になっていない。（論点がずれている）

ディベートでは、自分の意見を、客観的に証明することが求められます。ただ自分の勝手な思いを話すのでは、ディベートではなく、ただの会話になってしまいます。

（4）ディベートの基本的な流れ———————————————————————

★ 肯定側立論　Affirmative Constructive Speech（1.5 分）
　自分たちの主張をする。論点は 2 つまでとする。
↓
★ 準備時間　Preparatory Time（1 分）
↓
★ 質疑応答（否→肯）　Cross Examination of the Negative Side（1 分）
　否定側が、肯定側から出された主張でわからないことを質問する。
↓
★ 準備時間　Preparatory Time（1 分）
↓
★ 否定側立論　Negative Constructive Speech（1.5 分）
　自分たちの主張をする。論点は 2 つまでとする。
↓
★ 準備時間　Preparatory Time（1 分）
↓
★ 質疑応答（肯→否）　Cross Examination of the Affirmative side（1 分）
　肯定側が、否定側から出された主張でわからないことを質問する。
↓
★ 準備時間　Preparatory Time（1 分）
↓
★ 否定側反論　Negative Rebuttal Speech（1 分）
　相手の論点について、異議を唱える。
↓
★ 準備時間　Preparatory Time（1 分）
↓
★ 肯定側反論　Affirmative Rebuttal Speech（1 分）
　相手の論点について異議を唱える。
↓
★ 準備時間　Preparatory Time（1 分）
↓
★ 否定側まとめ　Negative Summary Speech（1 分）
　否定側が、肯定側に反論で言われたことに対して、再度反論を行い、主張をまとめる。
↓
★ 準備時間　Preparatory Time（1 分）
↓

★ 肯定側まとめ　Affirmative Summary Speech（1 分）

肯定側が、否定側に反論で言われたことに対して、再度反論を行い、主張をまとめる。

（5）立論を作る

立論は、次の項目を順番に入れることが一般的です。

① 定義

論題の中で使われている言葉の定義。（例：高等学校とは、日本にある文部科学省が管轄している学校です）

② プラン

どのような計画で論題の政策を実行していくかということ。

③ 現状分析

肯定側 ⇒ 現状に問題があることを指摘、あるいは現状では論題（テーマ）を達成できないことを証明。

否定側 ⇒ 現状に問題はない、問題は深刻ではない、あるいは現状でも問題解決できることを証明。

④ 発生過程

肯定側 ⇒ プランによって解決する、または現状と比較してよくなるというシナリオ。

否定側 ⇒ プランによって悪化するというシナリオ。

⑤ 重要性・深刻性

肯定側 ⇒ その問題を解決できることがいかに重要かを強調。

否定側 ⇒ 新たに生まれた問題がいかに深刻かを強調。

（6）質疑応答について

質疑応答は確認程度にしましょう。次のような表現を使うとよいでしょう。

確認を求める質問例

① How many reasons did you present?
② Could you repeat the first point?
③ Did you say "............"?
④ As for the second argument, you said "............" right?
⑤ Do you mean to say "............"?
⑥ You didn't read any evidence for the second argument, correct?
⑦ What is the source of that information?

説明を求める質問例

① You used the word "............." What does it mean?
② Could you define "............"?
③ Could you elaborate on that point?
④ Could you be more specific?

巻末付録

⑤　**Could you explain that point more in detail?**

⑥　**You quoted from Dr. X. Who is she? Is she an expert?**

⑦　**Could you give me / us an example?**

＊質問はなるべく短くする。	＊ひとつずつ質問する。
＊意見を言わない。	＊ Yes / No の質問の答えを強要しない。
＊主導権を取る。	

松本茂・鈴木健・青沼智『英語ディベート 理論と実践』（玉川大学出版部）より引用

（7）反論について

　反論には、次のような表現を使うとよいでしょう。

①　**They said（that）〜 , but ....**

②　**The Affirmative side said（that）〜 , but ....**

③　**They argued（that）〜 . That may be true, but ....**

④　**As for the first argument, they said（that）〜 . However, ...**

⑤　**With regard to the second point, they did not read any evidence.**

⑥　**In terms of their plan, we don't understand why ....**

　また、反論をするフォーマットは、以下のような言い方が望ましいです。

理由　Not true / Not always true / Not necessarily true / True but not important / Not significant / Easy to solve

例）Proposition: Cats are better pets than dogs.

①　Cats are better pets than dogs because a cat costs $100 while a dog costs $105.

　$5 is a very small amount of money. So this is not important.

　This is not significant because $5 is a very small amount of money.

②　Cats were the most popular pet in ancient Egypt.

　Egyptian history has nothing to do with choosing a pet. So this is not relevant.

　This is not relevant because Egyptian history has nothing to do with choosing a pet.

Michael Lubetsky 著 Discover debate: Basic Skills for Supporting
and Refuting Opinion（Language Solutions Inc）より引用

（8）まとめについて

　Summary Speech をどのようにするのかが、最後の大きな仕事です。

　公式で覚えましょう！

（Affirmative summary speech の例）

①　最初の決まり文

Let me start affirmative summary speech.

②　利点（Advantage）をまとめる

First of all I want to summarize the advantages.

③　相手の議論（Disadvantage）のまとめに移る

Then I want to move on to the disadvantages.

④　自分たちの意見と相手の意見を比較する

Finally, I want to compare the impact of advantages and disadvantages.

⑤　締めの言葉

So, please vote for the Affirmative side. Thank you.

例）「大阪が札幌よりよい」

①　Let me start the affirmative summary Speech.

②　First of all, I want to summarize the advantages.

People in Osaka are very friendly and we can get food cheaper than any other place.

③　On the other hand, Sapporo is a very nice place to live in and food is very delicious.

④　Finally, I want to compare the impact of advantages and disadvantages.

Osaka is much nicer than Sapporo because the prices in Osaka are cheaper.

Life in Osaka will be richer.

So Osaka is nicer than Sapporo.

⑤　Please, vote for the Affirmative side. Thank you.

//5. オンライン授業のための先生と生徒の教室英語

　以下の表現集は、学校に来られない生徒も加えての「オンライン授業における重要表現」です。適宜ご活用いただければ幸いです。

T : Teacher

T **Good morning, everyone. Today we'll be studying online.**
みなさん、おはようございます。今日はオンラインでの授業をしていきましょう。

T **This style is a little different, but please join the class and actively participate.**
この形式は少し異なりますが、授業に加わり、積極的に参加してください。

T **I'll explain the content of the class by using the computer/tablet.**
コンピュータ/タブレットを使って授業の内容を説明します。

T **Please ask me anything about the online class.**
オンライン授業について何でも質問してください。

T **You will be working in pairs in the online class.**
オンライン授業ではペアワークをしてもらいます。

T **Today Kazu is absent, but please add him in one of your groups.**
今日カズはお休みですが、どこかのグループに加えてください。

T **Let's practice reading together in pairs online.**
オンラインでペアで読みの練習をしましょう。

T **Please think about the answer/topic together online.**
オンラインで一緒に答え/トピックについて答えてください。

T **Please search ~ by using the internet.**
インターネットを使って~を調べてください。

T **Let's share the information with other students online.**
オンラインで他の生徒たちと情報を共有しましょう。

T **Please work on a speech/presentation in groups online.**
オンラインでグループでスピーチ/プレゼンテーションをしてください。

T **Please complete the discussion/debate online.**
オンラインでディスカッション／ディベートを完成させてください。

T **Please follow along with my instructions about how classes will work online.**
オンラインで授業がどのように行われるかについて私の指示に従ってください。

T **Please use email to communicate with each other outside class.**
授業外でお互いに連絡し合うにはメールを使ってください。

Ⓢ : Student

Ⓢ **Good morning, everyone. I'm excited to have online classes.**
みなさん、おはようございます。オンラインの授業ができてわくわくしています。

Ⓢ **I'm a little worried about online classes.**
オンライン授業について少し心配しています。

Ⓢ **How do I create a user name and password?**
どうやってユーザー名とパスワードを作るのですか？

Ⓢ **Could you explain how to join the online classes?**
オンライン授業の参加の仕方を説明してくださいますか？

Ⓢ **How do I register for online classes?**
どうやってオンライン授業に登録したらよいでしょうか？

Ⓢ **How do I log in to the online classes?**
どうやってオンライン授業にログインしたらよいでしょうか？

Ⓢ **Could you explain how to get to the classes on the computer/tablet?**
コンピュータ／タブレットの授業への入り方を説明してくださいますか？

Ⓢ **Could you explain how to make pairs/groups online?**
オンラインでのペア／グループの作り方を説明してくださいますか？

Ⓢ **How can we work together in pairs online?**
どうしたらオンラインでペアワークができるのですか？

Ⓢ **Could you explain how to make a speech/presentation online?**
オンラインでのスピーチ／プレゼンテーションの作り方を説明してくださいますか？

巻末付録

Ⓢ **Could you explain how to present a speech/presentation online?**
オンラインでのスピーチ／プレゼンテーションの発表の仕方を説明してくださいますか？

Ⓢ **Please explain how to start a discussion/debate online.**
オンラインでのディスカッション／ディベートの始め方を説明してください。

Ⓢ **Please show how to present a discussion/debate online.**
オンラインでのディスカッション／ディベートの発表の仕方を見せてください。

Ⓢ **Can I use a smartphone (for online classes/to log in to classes)?**
（オンライン授業のために／授業にログインするために）スマートフォンを使ってもいいですか？

Ⓢ **Please show us how to evaluate a speech/presentation/discussion/debate online.**
オンラインでスピーチ／プレゼンテーション／ディスカッション／ディベートの仕方を見せてください。

英語のディベートとその進め方（その3）

ディベートの進め方は次のようになります。

①肯定側の立論（Affirmative Constructive Speech）

論題について肯定の主張を行います。

②作戦会議（Preparation）

否定側は肯定側に行う質問を準備します。肯定側は受け答えの準備をします。

③Q＆A（Cross-examination）

肯定側の立論に対して、否定側が質問をします。質問は1つずつ行ってください。聞き取れなかったことや確認したいこと、おかしいと思ったこと、論題に関する考えを聞き、さまざまな質問をしてください。肯定側は1つ1つの質問に答えます。質問は何人が何回しても構いません。答えも同様です。

④否定側の立論（Negative Constructive Speech）

論題について否定の主張を行います。

⑤作戦会議（Preparation）

肯定側は否定側に行う質問を準備します。否定側は受け答えの準備をします。

⑥Q＆A（Cross-examination）

否定側の立論に対して肯定側より質問をします。質問は1つずつ行ってください。聞き取れなかったことや確認したいこと、おかしいと思ったこと、論題に関する考えについてさまざまな質問をしてください。否定側は1つ1つの質問に答えます。質問する人は何人でも何回でもかまいません。答えも同様です。

⑦作戦会議（Preparation）

否定側は反論の準備をします。

⑧否定側反論（Negative Rebuttal Speech）

肯定側の主張の弱点を攻撃します。また否定側の主張をさらに展開します。肯定側は否定側の言うことをよく聞いて、次の自分の側の反論に備えます。

⑨作戦会議（Preparation）

肯定側は反論の準備をします。

⑩肯定側反論（Affirmative Rebuttal Speech）

否定側の主張の弱点を攻撃し、否定側からの攻撃に対して自分の側の主張を守ります。否定側は肯定側の言うことをよく聞いて、次のまとめの準備をします。

⑪否定側まとめ（Negative Summation）

今までの論点を要約して、否定側がいかに有利に議論を進めてきたかをアピールします。

⑫肯定側まとめ（Affirmative Summation）

今までの論点を要約して、肯定側がいかに有利に議論を進めてきたかをアピールします。

あ と が き

　本書の冒頭にて、「生徒の発話」を促すために次の３つのポイントを提案しました。
このあとがきでは、それをもう一度振り返ってみます。

ポイント1　定期的に生徒の発話を促すために役立つ教室英語の「重要表現」を示
　　　　　　　し、その目的や意義を理解してもらった上で日常の授業の中で活用し
　　　　　　　ていく。

ポイント2　活用するときは、教科書の内容に関連するやりとりの「授業案」を先
　　　　　　　生が、生徒とデモンストレーションをする。

ポイント3　次にその「授業案」を参考に生徒同士が英語を発話するために、ペア
　　　　　　　やグループで協力してやりとりの原稿を考え、それをもとに準備し発
　　　　　　　表し評価できるようにしていく。

★1について

　学年や学期の初めなどに、生徒にその目的と意義を伝え、理解を得た上で生徒の発話
に役立つ教室英語の「重要表現」をプリントなどで提示し、それを日常の授業の中で、
活用していくことが何よりも大切です。

　特に、英語を使って主体的に授業に参加することで、どのような効果があるかをよく
説明することが生徒の動機づけにつながるでしょう。

★2について

　活用するときは、身近な話題や教科書のトピックなどを使って、まず先生が生徒とモ
デルとなる発話例を示し、その後で生徒がペアやグループになって発話内容を考え、練
習し、発表することが望まれます。

　英語で発話するには、教室英語や基本的な文法や語彙の知識とともに、英語の文の組
み立て方、パラグラフやスピーチやプレゼンテーションの構成、ディスカションやディ
ベートの進め方などの理解が不可欠です。

　そのためにはそれぞれについてわかりやすく日本語を用いて説明し、日本語で実践し
てみることが大切です。また、他教科と協力して取り組んでいければより効果が上がる
と考えます。松本茂先生（立教大学）も、次のように述べられていました。

　英語の場合、本来なら、やさしいトピックで構わないので、「わたしはこう思う」
という文章を書かせます。次にその主張の理由を、First / Second / Third の順に述
べ、最後に Conclusion と続けます。これはエッセイでも、スピーチでもプレゼ

ンでも同じです。まずは、これを日本語でできるようにすることが大切なのではないかと思います。こういった基本的な型を身につけるために、パラグラフライティングもぜひ日本語で学んでほしいと思います。

連載「英語ティーチング・ティップス」（マクミランランゲージハウス）より抜粋

★3について

　生徒が英語を発話するようになるには、知識・準備・練習・発表の繰り返しが必要です。その繰り返しによって1年次では、基本的な教室英語を用いた発話ができるようになり、2年次で、スピーチやプレゼンテーションが、そして3年次でディスカションやディベートができるようになってくるでしょう。

　知識・準備・練習・発表の中で、特に強調したいのは準備についてです。私は準備のためには生徒がペアやグループになって、発話したいことを日本語で考え、それをもとに英語の発話原稿を作っていくことを推奨したいと思います。これは、生徒同士の協同学習によって、主体的に考え、調べ、発表していくアクティブ・ラーニングにつながる学習です。同時通訳者として有名な小松達也氏もその著作の中で、日本語を活用した英語の発話の重要性を説かれ、次のように述べられています。

　英語を話す時はできるだけ日本語を忘れ、英語で考えて英語で話すべきだとよく言われます。先に述べたディレクト・メソッドもこの考えに基づいています。しかし私は英語を話そうとする時、母国語である日本語を意識することは避けられないことだし、決して悪いことではないと思います。

〈中略〉

　これは初級者に英語によるディスカッションをさせてみるとよくわかります。乏しい英語の力が思考力そのものを縛ってしまうのです。まず日本語で考え、その考えを整理してから英語にしようとした方がいい結果が出ます。私も英語のクラスでやってみましたが、まず日本語でディスカッションをさせ、その後で同じテーマを英語でやらせます。話す前に考えをまとめることが大切です。考えをまとめる過程は日本語の方が自然です。それから英語で表現しようとした方がスムーズに話せるのです。

『英語で話すヒント—通訳者が教える上達法』（岩波新書）より抜粋

　僭越ながら、私もまったく同じ意見です。生徒たちは仲間で協力して作った発話のための原稿を何度も練習し、実際の発表時にはできるだけ何も見ないでできるようにしていけば、多くの生徒が負担を感じることなく仲間と協力して楽しく英語を発話してくれるようになると考えます。この繰り返しによって、直接英語で発話することができるようになるでしょう。

　最後になりましたが、本著が全国の先生方と生徒さんたちに英語を発話するための一助となることを心から願っております。本当にありがとうございました。

吉田　研作（よしだ　けんさく）

　上智大学名誉教授、日本英語検定協会会長、国土交通省航空英語能力証明審査会会長、JACTFL（日本外国語教育協議会）副理事長。

　元上智大学言語教育研究センター長、上智大学国際言語情報研究所所長、外国語学部長。

　その他、「中教審外国語ワーキンググループ」主査、大学入試センター英語四技能実施企画部会部長、英語の資格・検定試験とCEFRとの対応関係に関する作業部会主査、中央教育審議会初等中等教育分科会教育課程部会小学校部会委員、英語教育の在り方に関する有識者会議座長、外国語能力向上に関する検討会座長、中教審教育課程企画特別部会委員、東京都英語教育戦略会議座長、NPO小学校英語指導者認定協議会会長、Asia TEFL理事、The International Research Foundation for English Language Education理事などを歴任。

　交通文化賞受賞（国土交通大臣賞）、Best of JALT 受賞など。

　著書に、『科目別：現場で使える教室英語―新しい英語科目での展開』（監修、三修社、2013）、『現場で使える教室英語―重要表現から授業への展開まで』（監修、三修社、2011）、『英語教育政策―世界の言語教育政策論をめぐって』（共著、大修館、2011）、『外国研究の現在と未来』（監修、Sophia University Press、2010）他多数。

金子　朝子（かねこ　ともこ）

　昭和女子大学特任教授。1977年にサンフランシスコ州立大学修士、1992年にテンプル大学で教育学博士取得。昭和女子大学附属中学高等学校教諭を経て、人間文化学部英語コミュニケーション学科、大学院文学研究科及び言語教育・コミュニケーション専攻教授。専門は第二言語習得、学習者コーパス研究。国際的な学習者コーパスであるICLE、LINDSEIの日本人コーパス担当。「2010年度英語コーパス学会賞」受賞。日本学術振興会から科学研究費を受け、物語りコーパスに基づいた絵本を用いた英語指導の研究を進める。

　文科省の新学習指導要領中学校外国語（英語）とその解説の作成協力者。国立教育政策研究所「特定の課題に関する調査中学校外国語（英語）」各種の問題作成、結果分析協力者。

　著書に、『学びの場での第二言語習得』（共著、開拓社、2022）、『トンちゃんの冒険Ton-chan's Adventure』（文芸社、2021）、『科目別：現場で使える教室英語―新しい英語科目での展開』（監修、三修社、2013）、『現場で使える教室英語―重要表現から授業への展開まで』（監修、三修社、2011）、英語教育学体系第5巻『第二言語習得―言語習得から脳科学まで』（共編著、大修館、2011）、英語教育学体系第1巻『大学英語教育学―その方向性と諸分野』（共著、大修館、2010）他多数。

著者
プロフィール

石渡　一秀（いしわた　かずひで）

　青山学院大学文学部英文学科卒業。兵庫教育大学大学院言語教育学科修了。神奈川県立外語短大付属高等学校、岩戸高等学校、三浦臨海高等学校などを経て、2022年現在、藤嶺学園藤沢中学校・高等学校及び横浜創学館高等学校にて非常勤講師として勤務。一度英語でつまずいた生徒に自信を取り戻してもらうための教材開発と授業研究に努めている。

　著書に『中学英語＋たった5パターンで誰でも長い英会話ができる本』（明日香出版社、2018）、『科目別：現場で使える教室英語―新しい英語科目での展開』（共著、三修社、2013）、『ミニダイアローグで覚える英会話』（共著、ベレ出版、2012）、『現場で使える教室英語―重要表現から授業への展開まで』（共著、三修社、2011）、翻訳にKazu Ishiwata名義で『ネイティブならこう書くこう返すＥメール英語表現』（ベレ出版、2011）、編集協力に『大学受験　お風呂で覚える出まくり入試英単語』（学研教育出版、2011）、『英文法の要点整理』（学研教育出版、2009）、など多数の書籍に携わる。

●音声ダウンロード・ストリーミング

1. PC・スマートフォンで本書の音声ページにアクセスします。
   https://www.sanshusha.co.jp/np/onsei/isbn/9784384060560/
2. シリアルコード「06056」を入力。
3. 音声ダウンロード・ストリーミングをご利用いただけます。

音声DL付
生徒が使える教室英語
──生徒の発話を促す方策と表現──

2022年10月20日　第1刷発行

監修者　吉田 研作　金子 朝子
著　者　石渡 一秀
発行者　前田 俊秀
発行所　株式会社 三修社
　　　　〒150-0001　東京都渋谷区神宮前2-2-22
　　　　TEL 03-3405-4511　FAX 03-3405-4522
　　　　振替 00190-9-72758
　　　　https://www.sanshusha.co.jp
　　　　編集担当　松居 奈都

印刷製本　日経印刷株式会社

©Kazuhide ISHIWATA 2022　Printed in Japan
ISBN978-4-384-06056-0 C2082

装幀・本文イラスト　野村 淳一（アートマン）
DTP　アートマン
編集協力　中山 祐子

音声録音　一般財団法人 英語教育協議会（ELEC）
吹込み　Chris Coprowski, Howard Colefield, Jennifer Okano,
　　　　Karen Haedrich